Impressum
Verlag: BABADADA GmbH, Nedderfeld 112 , 22529 Hamburg
Geschäftsführer / Verlagsleitung: Harald Hof
Druck: Books on Demand GmbH, In de Tarpen 42, 22848 Norderstedt

Imprint
Publisher: BABADADA GmbH, Nedderfeld 112 , 22529 Hamburg, Germany
Managing Director / Publishing direction: Harald Hof
Print: Books on Demand GmbH, In de Tarpen 42, 22848 Norderstedt, Germany

школа

de School

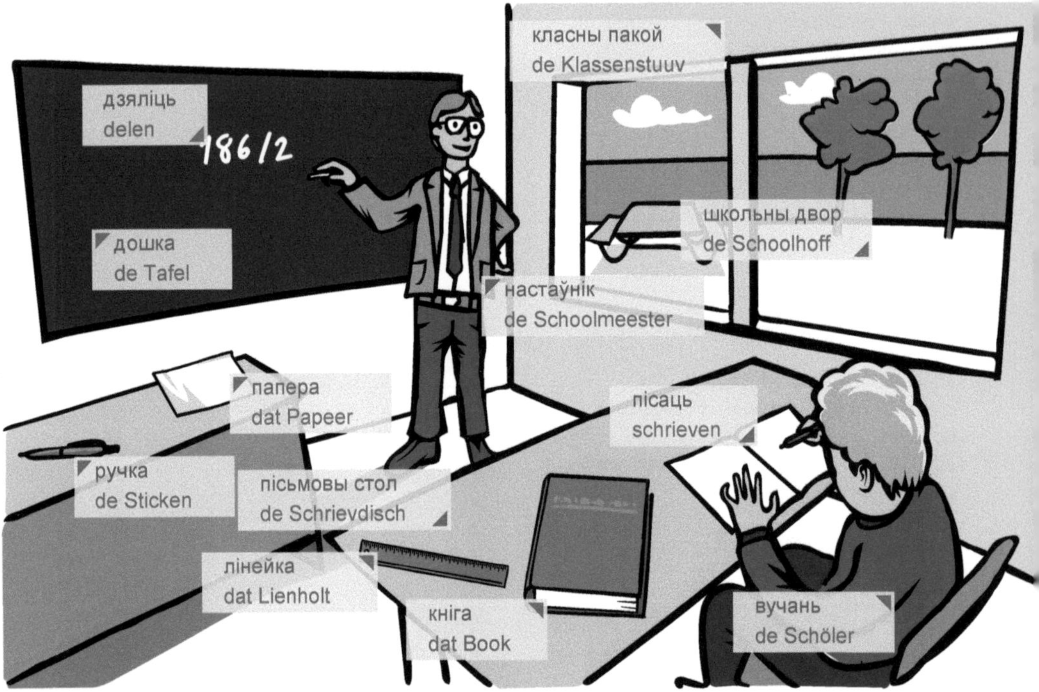
класны пакой
de Klassenstuuv
дзяліць
delen
186/2
дошка
de Tafel
школьны двор
de Schoolhoff
настаўнік
de Schoolmeester
папера
dat Papeer
пісаць
schrieven
ручка
de Sticken
пісьмовы стол
de Schrievdisch
лінейка
dat Lienholt
кніга
dat Book
вучань
de Schöler

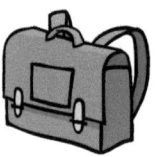

ранец

de Ranzel

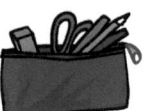

пенал

de Feddermapp

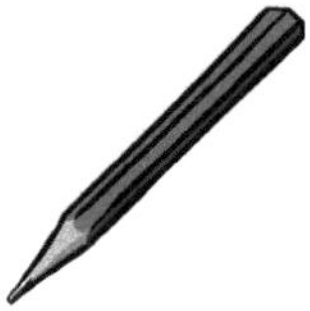

просты аловак

de Bleesticken

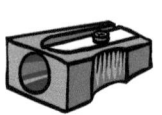

тачылка для алоўкаў

de Scharpmaker

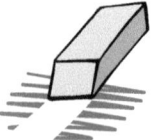

гумка

dat Radeergummi

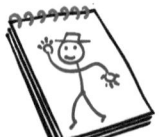

альбом для малявання

de Tekenblock

малюнак

de Teken

пэндзлік

de Pinsel

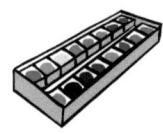

фарбы

de Malkassen

нажніцы

de Scheer

клей

de Klever

сшытак

dat Heft to'n Öven

хатняе заданне

de Huusopgaav

12

лік

de Tall

2+2

дадаваць

tohooptellen

5-2

адымаць

aftrecken

2×2

множыць

malnehmen

лічыць

reken

A

літара

de Bookstaav

**ABCDEFG
HIJKLMN
OPQRSTU
VWXYZ**

алфавіт

dat ABC

hello

слова

dat Woort

тэкст

de Text

чытаць

lesen

крэйда

de Kried

ўрок

de Stunn

класны журнал

dat Klassenbook

экзамен

de Pröven

атэстат

dat Tüügnis

школьная форма

de Schooluniform

адукацыя

de Utbillen

энцыклапедыя

dat Nakieksel

універсітэт

de Universität

мікраскоп

dat Mikroskop

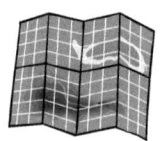

карта

de Koort

смеццевы кошык

de Papeerkorf

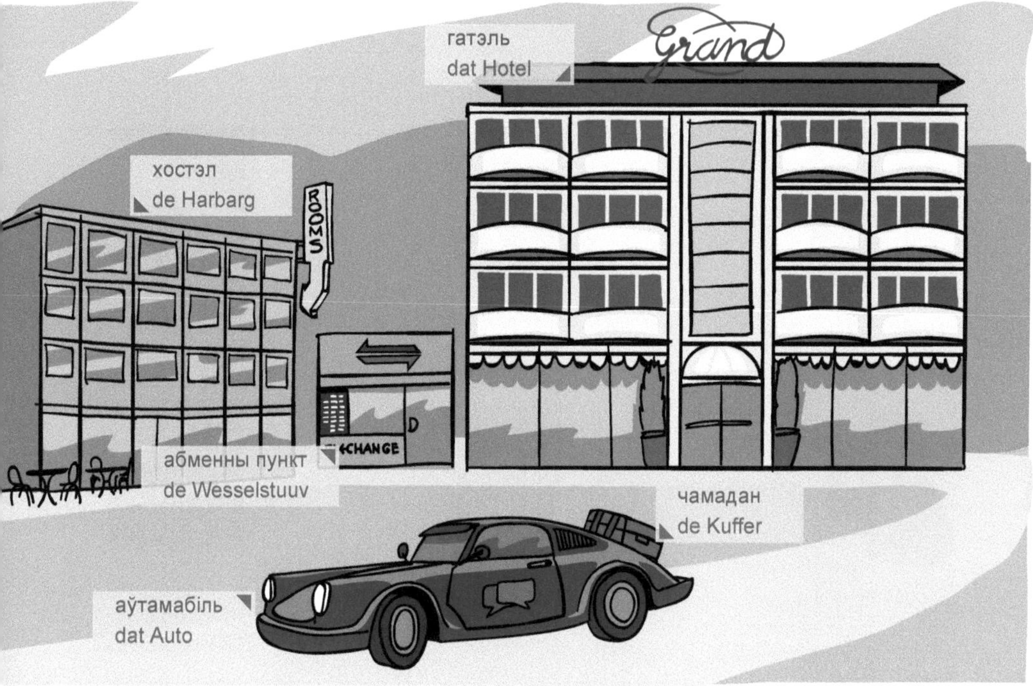

гатэль
dat Hotel

хостэл
de Harbarg

абменны пункт
de Wesselstuuv

чамадан
de Kuffer

аўтамабіль
dat Auto

мова

de Spraak

так / не

jo / ne

добра

Jo

прывітанне!

Moin

перекладчык

de Översetter

дзякуй

Dank ok

Колькі каштуе....?

Wat kost...?

я не разумею

Ik verstah nich

праблема

dat Problem

Добры вечар!

Goden Avend

Добрай раніцы!

Moin!

Дабранач!

Gode Nacht!

да пабачэння

Tschüüs

кірунак

de Richt

багаж

de Bagaasch

сумка

de Tasch

заплечнік

de Rüchsack

госць

de Gast

пакой

de Stuuv

спальны мяшок

de Slaapsack

палатка

dat Telt

інфармацыя для турыстаў

de Touristeninformatschoon

пляж

de Strand

крэдытная картка

de Kreditkoort

снеданне

dat Fröhstück

абед

dat Meddageten

вячэра

dat Avendeten

праязны білет

de Fohrkort

ліфт

de Fohrstohl

паштовая марка

de Breefmark

мяжа

de Grenz

мытня

de Toll

пасольства

de Bottschop

віза

dat Visum

пашпарт

de Pass

транспарт

de Transport

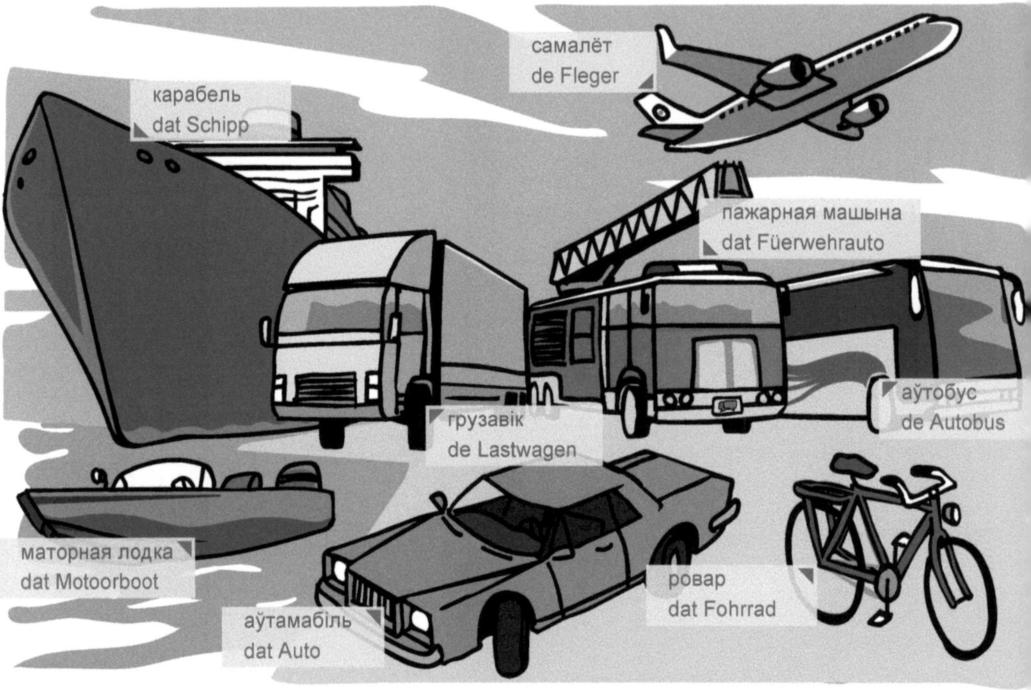

самалёт
de Fleger
карабель
dat Schipp
пажарная машына
dat Füerwehrauto
аўтобус
de Autobus
грузавік
de Lastwagen
маторная лодка
dat Motoorboot
ровар
dat Fohrrad
аўтамабіль
dat Auto

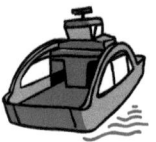

парoм

de Fähr

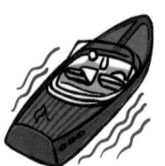

лодка

dat Boot

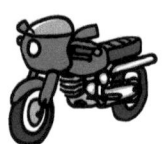

матацыкл

dat Motoorrad

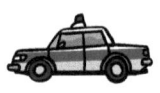

паліцэйская машына

dat Polizeiauto

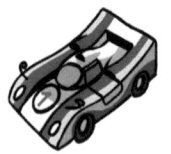

гоначны аўтамабіль

dat Rönnauto

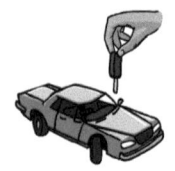

арэндаваны аўтамабіль

de Lehnwagen

сумеснае карыстанне
аўтамабілем

dat Carsharing

эвакуатар

de Afsleepwagen

смеццявоз

dat Müllauto

матор

de Motoor

паліва

de Kraftstoff

запраўка

de Tanksteed

дарожны знак

dat Verkehrsschild

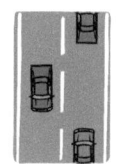

дарожны рух

de Verkehr

затор

de Stau

паркоўка

de Afstellplatz

чыгуначная станцыя

de Bahnhoff

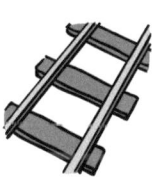

рэйкі

de Sporen

цягнік

de Tog

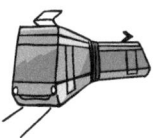

трамвай

de Stratenbahn

вагон

de Wagon

верталёт

de Dwarsmöhl

аэрапорт

de Flooghaven

вежа

de Tower

пасажыр

de Fohrgast

кантэйнер

de Grootkist

кардонная скрыня

de Karton

тачка

de Koor

карзіна

de Korf

ўзлятаць / прызямляцца

starten / lannen

горад

de Stadt

вёска

dat Dörp

цэнтр горада

de Binnenstadt

дом

dat Huus

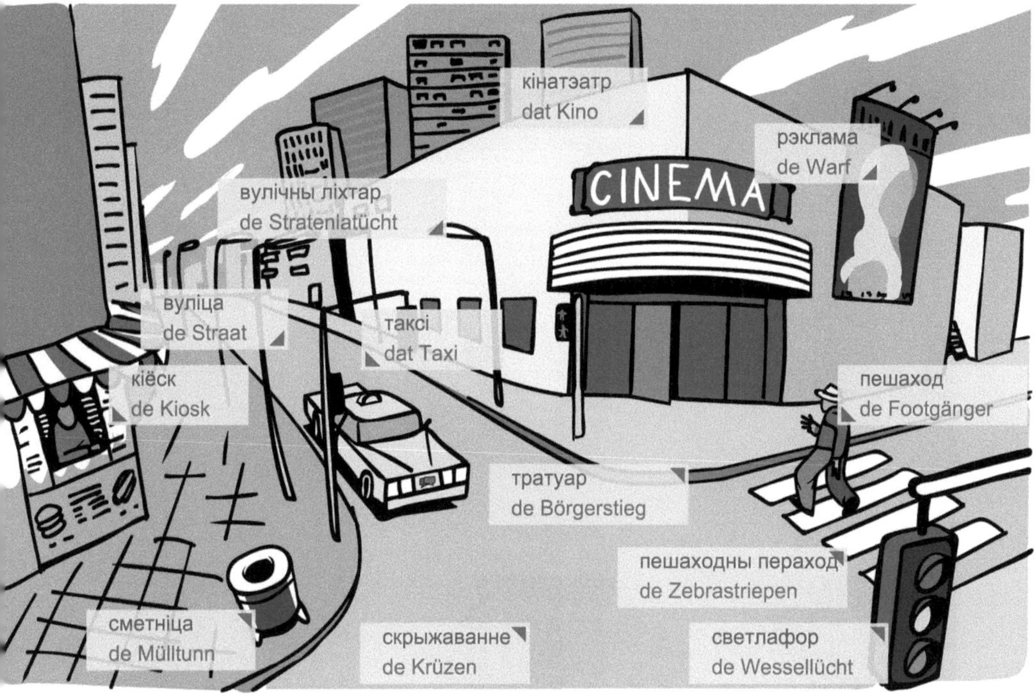

кінатэатр
dat Kino

рэклама
de Warf

вулічны ліхтар
de Stratenlatücht

CINEMA

вуліца
de Straat

таксі
dat Taxi

кіёск
de Kiosk

пешаход
de Footgänger

тратуар
de Börgerstieg

пешаходны пераход
de Zebrastriepen

сметніца
de Mülltunn

скрыжаванне
de Krüzen

светлафор
de Wessellücht

халупа
de Hütt

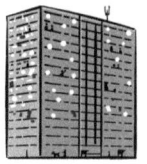

кватэра
de Wahnung

чыгуначная станцыя
de Bahnhoff

ратуша
dat Raathuus

музей
dat Museum

школа
de School

універсітэт

de Universität

банк

de Bank

шпіталь

dat Krankenhuus

гатэль

dat Hotel

аптэка

de Afteek

офіс

dat Büro

кнігарня

de Bookhökerie

крама

de Hökerie

кветкавая крама

de Blomenhökerie

супермаркет

de Supermarkt

кірмаш

de Markt

універмаг

dat Koophuus

рыбная крама

de Fischhökerie

гандлевы цэнтр

dat Inkoopszentrum

порт

de Haven

парк

de Parkanlaag

лава

de Bank

мост

de Brüch

лесвіца

de Trepp

метро

de Ünnergrundbahn

тунэль

de Tunnel

прыпынак

de Busstoppsteed

бар

de Bar

рэстаран

dat Spieslokal

паштовая скрыня

de Breefkassen

вулічны паказальнік

dat Stratenschild

паркамат

de Parkklock

заапарк

de Deertenpark

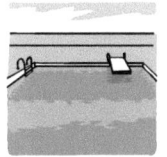

басейн

de Baadanstalt

мячэць

de Moschee

сядзіба

de Buernhoff

забруджванне
навакольнага асяроддзя

de Ümweltversmudden

могілкі

de Karkhoff

царква

de Kark

пляцоўка для гульні

de Speelplatz

храм

de Tempel

краявід

de Landschop

ліст
dat Blatt

паказальнік
de Wiespahl

дарога
de Weg

луг
de Wisch

камень
de Steen

дрэва
de Boom

падарожнік
de Wannerer

рака
de Fluss

трава
dat Gras

кветка
de Bloom

даліна
dat Daal

гара
de Barg

возера
de See

лес
dat Holt

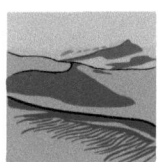

пустыня
de Wööst

вулкан
de Füerspien Barg

замак
dat Slott

вясёлка
de Regenbagen

грыб
de Poggenstohl

пальма
de Palm

камар
de Steekmück

муха
de Fleeg

мурашка
de Miegeemk

пчала
de Imm

павук
de Spinn

жук

de Sebber

жаба

de Pogg

вавёрка

de Katteker

вожык

de Swienegel

заяц

de Haas

сава

de Uul

птушка

de Vagel

лебедзь

de Swaan

дзік

dat Wildswien

алень

de Hirsch

лось

de Elk

плаціна

de Staudamm

вятрак

dat Windrad

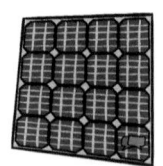

сонечная батарэя

dat Solarmodul

клімат

dat Klima

рэстаран
dat Spieslokal

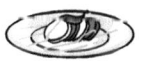

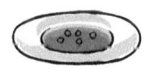

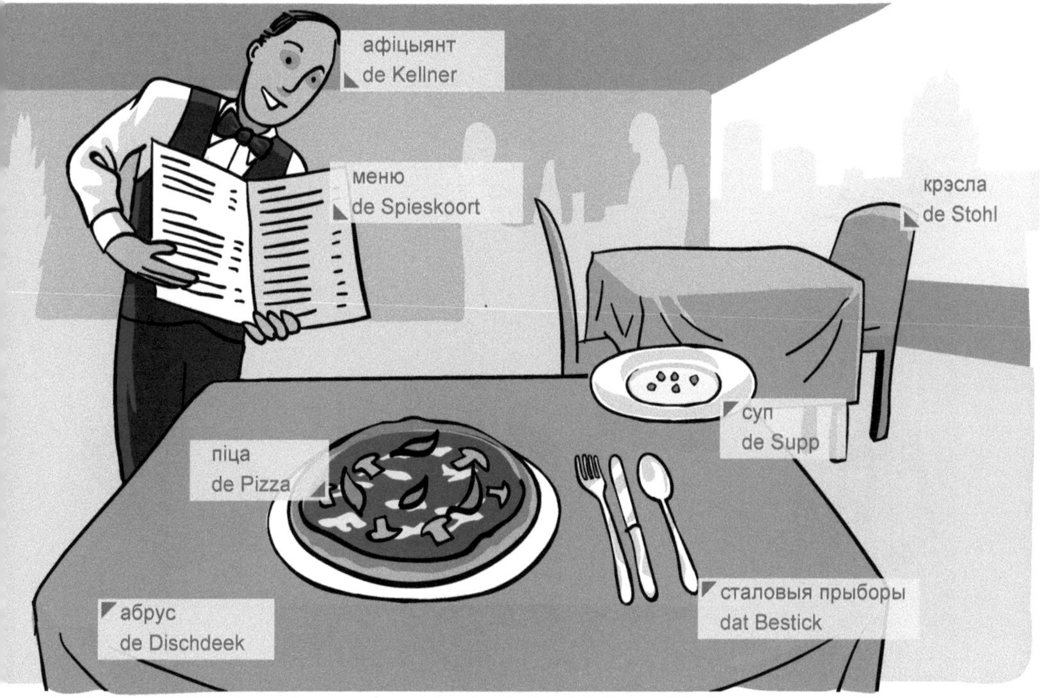
афіцыянт
de Kellner
меню
de Spieskoort
крэсла
de Stohl
суп
de Supp
піца
de Pizza
сталовыя прыборы
dat Bestick
абрус
de Dischdeek

закуска

de Vörspies

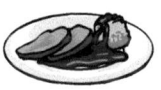

другая страва

dat Haupteten

дэсерт

de Nadisch

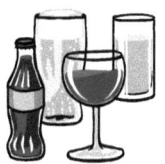

напоі

de Drünk

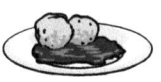

ежа

dat Eten

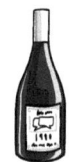

бутэлька

de Buddel

хуткае харчаванне (фаст-
фуд)

dat Fastfood

стрыт-фуд

dat Strateneten

імбрык (чайнік)

de Teekann

цукарніца

de Zuckerdoos

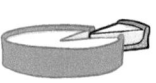

порцыя

de Portschoon

эспрэса-машына

de Espressomaschien

дзіцячае крэселка

de Hoochstohl

рахунак

de Reken

паднос

dat Tablett

нож

dat Mess

відэлец

de Gavel

лыжка

de Lepel

чайная лыжка

de Teelepel

сурвэтка

dat Munddook

шклянка

dat Glas

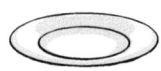

талерка

de Töller

супавая талерка

de Suppentöller

сподак

de Ünnertass

соус

de Sooß

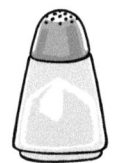

сальніца

de Soltstreuer

млынок для перцу

de Pepermöhl

воцат

de Etig

алей

dat Ööl

спецыі

de Krüder

кот'іуп

de Ketchup

гарчыца

de Mostrich

маянэз

de Mayonnaise

супермаркет

de Supermarkt

акцыя
dat Anbott
FOR
пакупнік
de Kunn
малочныя прадукты
de Melkprodukten
садавіна
dat Aaft
вазок
de Inkoopswagen

BUTCHERS

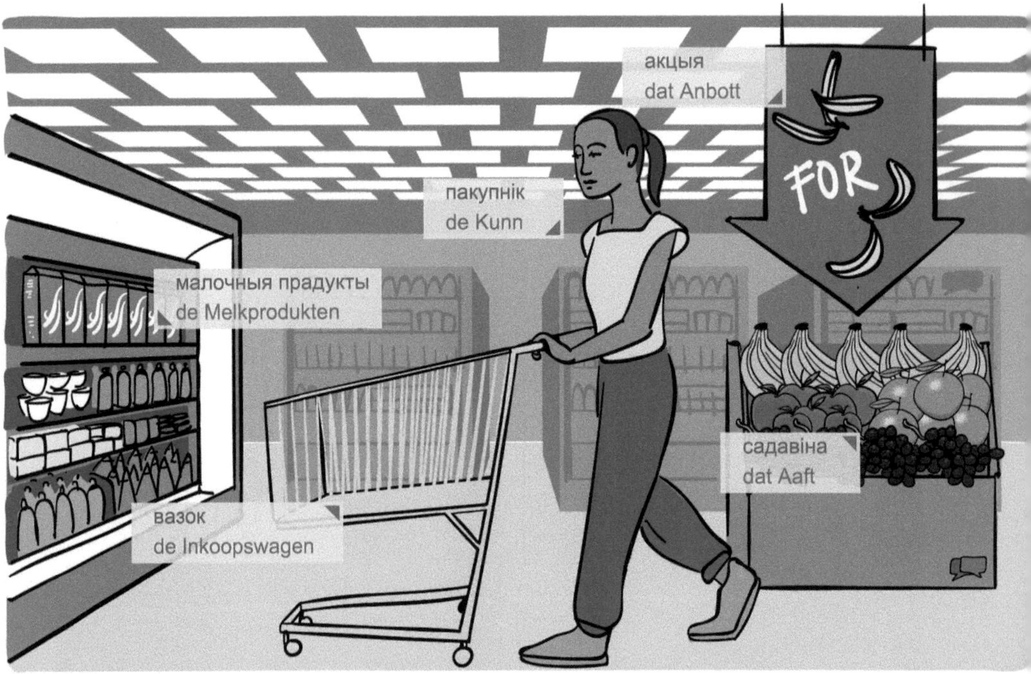

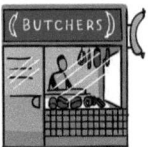

мясная крама

de Slachterie

BAKERY

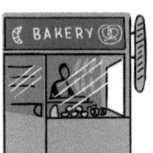

хлебны магазін

de Bäckerie

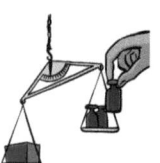

важыць

wegen

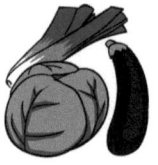

гароднiна

de Gröönsaken

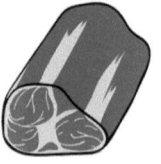

мяса

dat Fleesch

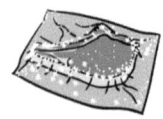

свежазамарожаныя прадукты

de Deepköhlkost

нарэзка

de Opsnitt

кансервы

de Konserven

пральны парашок

de Waschmiddel

прысмакі

de Snoopkraam

хатнія прылады

de Huushooltssaken

чысцячы сродак

de Reinmaaktüüch

прадавец

de Verköpersche

каса

de Kass

касір

de Kasserer

спіс пакупак

de Inkoopslist

гадзіны працы

de Opsparrtieden

бумажнік

de Breeftasch

крэдытная картка

de Kreditkoort

сумка

de Tasch

пакет

de Plastiktüüt

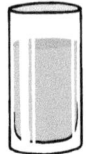

вада

dat Water

сок

de Saft

малако

de Melk

кола

de Cola

віно

de Wien

піва

dat Beer

алкаголь

de Spriet

какава

de Kakao

гарбата (чай)

de Tee

кава

de Koffie

эспрэса

de Espresso

капучына

de Cappucino

банан

de Banaan

яблык

de Appel

апельсін

de Appelsien

дыня

de Meloon

лімон

de Zitroon

морква

de Wöttel

часнок

de Knuuvlook

бамбук

de Bambus

цыбуля

de Zibbel

грыб

de Poggenstohl

арэхі

de Nööt

локшына

de Nudeln

спагеці

de Spaghetti

рыс

de Ries

салата

de Salat

бульба фры

de Pommes frites

смажаная бульба

de Braadkantüffeln

піца

de Pizza

гамбургер

de Hamborger

бутэрброд

dat Sandwich

шніцаль

dat Snitzel

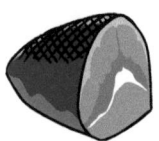

вяндліна

de Schinken

салямі

de Salami

каўбаса

de Wust

курыца

dat Hohn

смажаніна

de Braden

рыбак

de Fisch

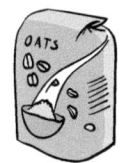

аўсяныя камякі

de Haverflocken

мюслі

dat Müsli

кукурузныя шматкі

de Cornflakes

мука

dat Mehl

круасан

de Croissant

булачка

dat Rundstück

хлеб

dat Broot

тост

dat Toast

пячэнне

de Keksen

масла

de Botter

тварог

de Quark

пірог

de Koken

яйка

dat Ei

яечня

dat Spegelei

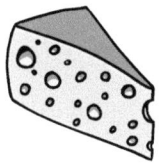

сыр

de Kees

ежа - dat Eten

марожанае

de Ies

цукар

de Zucker

мёд

de Honnig

варэнне

de Marmelaad

нуга

de Nougat-Creme

кары

dat Curry

хата
dat Buernhuus

цюк саломы
de Strohballen

хлеў
de Schüün

поле
dat Feld

конь
dat Peerd

прычэп
de Hänger

трактар
de Trecker

жарабя
dat Fahlen

асёл
de Esel

авечка
dat Schaap

ягня
dat Lamm

каза

de Zeeg

карова

de Koh

цяля

dat Kalf

свіння

dat Swien

парася

dat Farken

бык

de Bull

гусак

de Goos

качка

de Aant

кураня

dat Küken

курыца

dat Hohn

певень

de Hahn

пацук

de Rott

кот

de Katt

мыш

de Muus

вол

de Oss

сабака

de Hund

сабачая будка

de Hunnenhütt

садовы шланг

de Goornslauch

палівачка

de Geetkann

каса

de Lee

плуг

de Ploog

серп

de Sich

матыка

de Hack

вілы для гною

de Mestfork

сякера

de Ext

тачка

de Schuufkoor

карыта

de Trog

бітон для малака

de Melkkann

мех

de Sack

плот

de Tuun

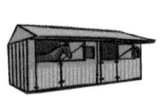

хлеў

de Stall

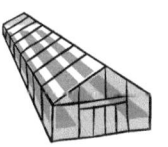

цяпліца

dat Drievhuus

глеба

de Bodden

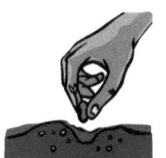

насенне

de Saat

угнаенне

de Dünger

камбайн

de Meihdöscher

збіраць ураджай

oornen

ураджай

de Oorn

ямс

de Yamswöttel

пшаніца

de Weten

соя

dat Soja

бульба

de Kantüffel

кукуруза

de Törksche Weten

рапс

de Rapp

садовае дрэва

de Aaftboom

маніёк

de Troopsch Kantüffel

збожжа

dat Koorn

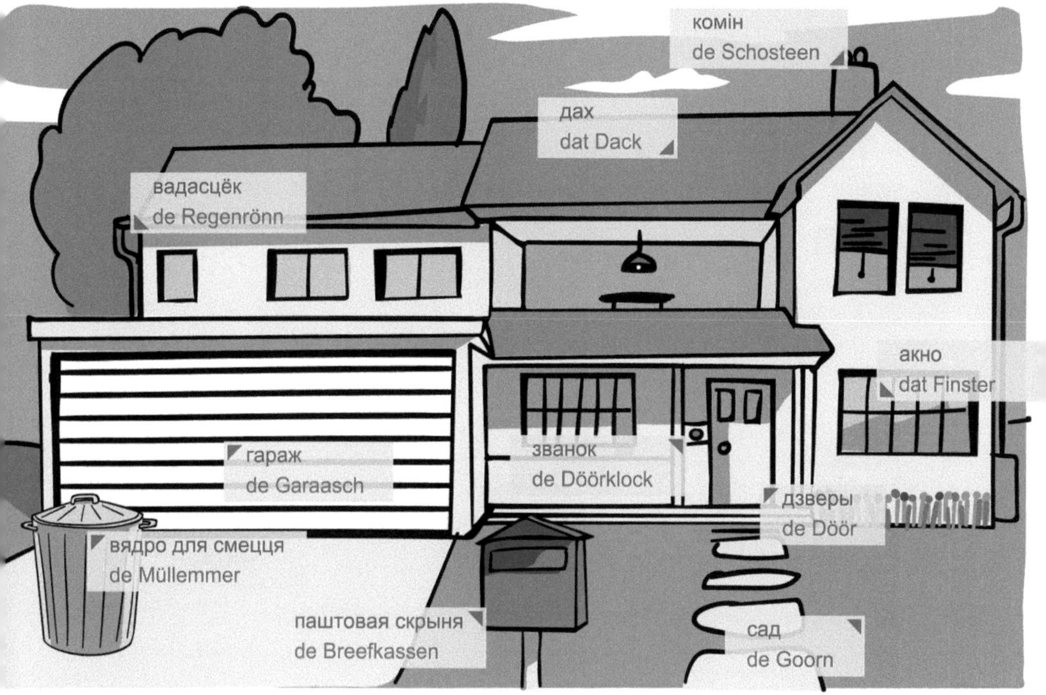

комін
de Schosteen

дах
dat Dack

вадасцёк
de Regenrönn

акно
dat Finster

гараж
de Garaasch

званок
de Döörklock

дзверы
de Döör

вядро для смецця
de Müllemmer

паштовая скрыня
de Breefkassen

сад
de Goorn

жылы пакой

de Wahnstuuv

ванная

de Baadstuuv

кухня

de Köök

спальны пакой

de Slaapstuuv

дзіцячы пакой

de Kinnerstuuv

сталоўка

de Eetstuuv

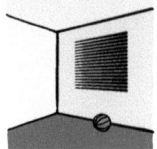

падлога

de Footbodden

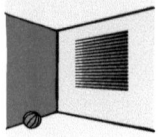

сцяна

de Wand

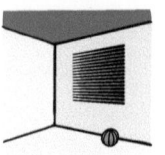

столь

de Deek

падвал

de Keller

саўна

dat Hittluftbad

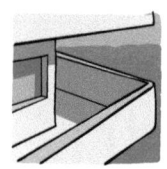

балкон

de Balkon

тэраса

de Terrass

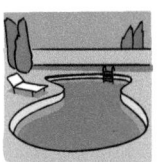

басейн

dat Swümmbad

касілка

de Rasenmeiher

падкоўдранік

de Bettbetog

коўдра

de Bettdeek

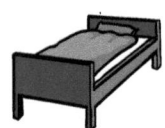

ложак

de Puuch

венік

de Bessen

вядро

de Emmer

выключальнік

de Schalter

жылы пакой

de Wahnstuuv

шпалеры
de Tapeet
малюнак
dat Bild
лямпа
de Lamp
паліца
dat Regal
шафа
dat Schapp
тэлевізар
de Kiekkassen
камін
de Kamin
кветка
de Bloom
падушка
dat Küssen
канапа
dat Sofa
ваза
de Vaas
пульт
de Feernbedenen

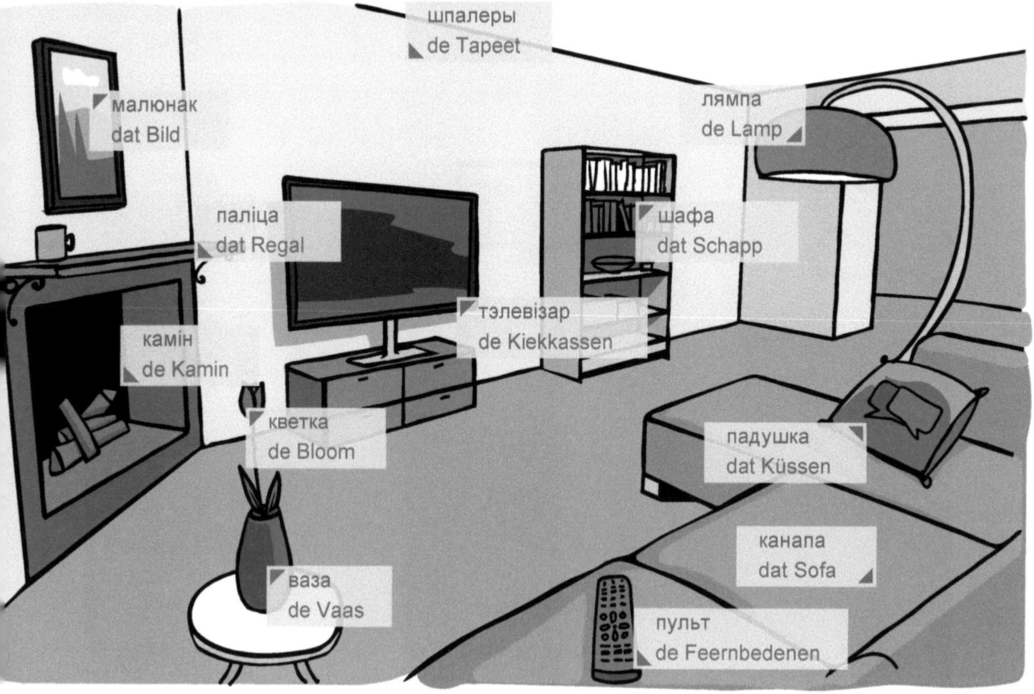

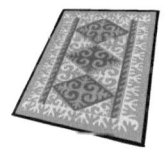

дыван

de Teppich

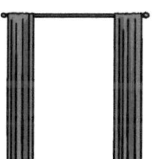

фіранка

de Vörhang

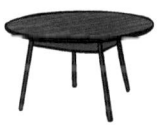

стол

de Disch

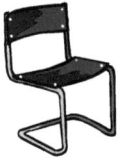

крэсла

de Stohl

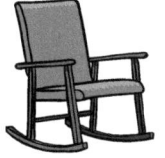

крэсла-качалка

de Schuckelstohl

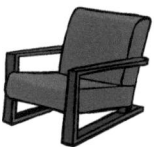

крэсла

de Sessel

кніга

dat Book

коўдра

de Deek

дэкарацыя

de Dekoratschoon

дровы

dat Füerholt

кіно

de Film

стэрэасістэма

de Stereoanlaag

ключ

de Slötel

газета

dat Narichtenblatt

карціна

dat Gemälde

постар

dat Poster

радыё

dat Radio

нататнік

de Opschrievblock

пыласос

de Huulbessen

кактус

de Kaktus

свечка

de Kars

жылы пакой - de Wahnstuuv

кухня
de Köök

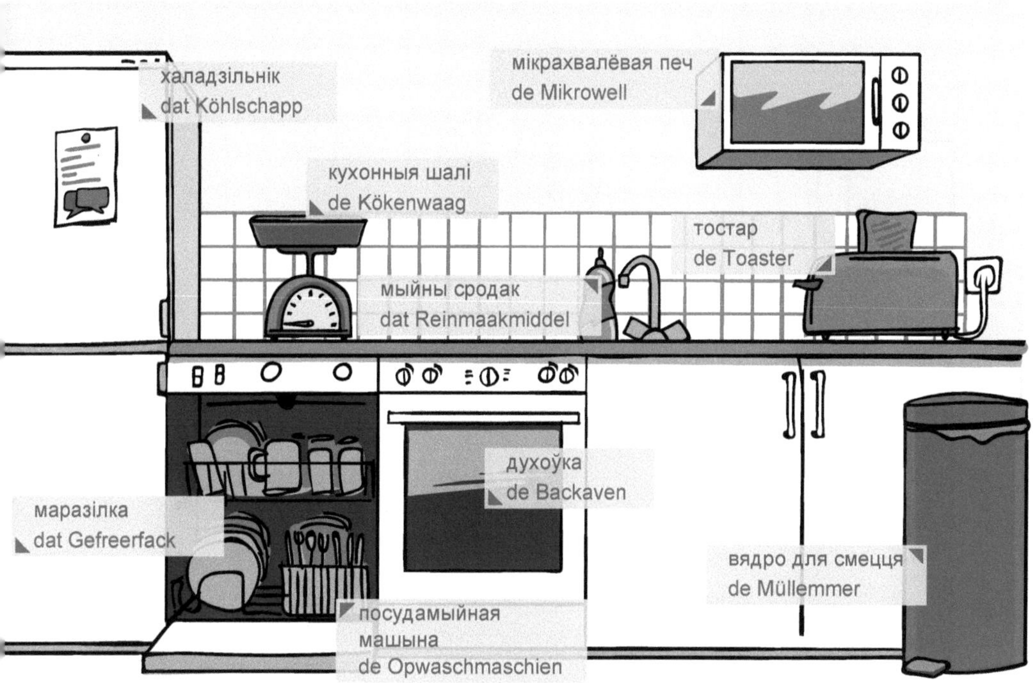

халадзільнік
dat Köhlschapp
мікрахвалёвая печ
de Mikrowell
кухонныя шалі
de Kökenwaag
тостар
de Toaster
мыйны сродак
dat Reinmaakmiddel
духоўка
de Backaven
маразілка
dat Gefreerfack
вядро для смецця
de Müllemmer
посудамыйная машына
de Opwaschmaschien

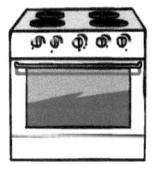

пліта

de Heerd

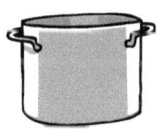

рондаль

de Pott

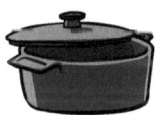

чыгунок

de Gussiesern Putt

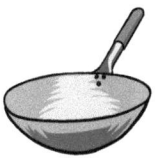

Вок / кадаі

de Wok / Kadai

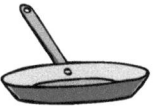

патэльня

de Pann

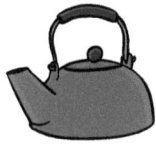

чайнік

de Waterkaker

параварка

de Dampkaakputt

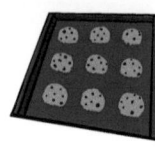

бляха

dat Backblick

посуд

dat Geschirr

кубак

de Beker

міска

de Schaal

палачкі для ежы

de Eetsticken

чарпак

de Suppenkell

лапатачка

de Pannenwenner

збівалка

de Sneebessen

сіта для варэння

dat Kaakseef

сіта

dat Seef

тарка

de Riev

ступка

de Mörser

грыль

de Grill

вогнішча

de Füerstell

дошка

dat Sniedbrett

качалка

dat Nudelholt

штопар

de Proppentrecker

бляшанка

de Doos

адкрывалка

de Dosenaapner

прыхваткі

de Pottlappen

ракавіна

dat Waschbecken

шчотка

de Böst

губка

de Swamm

міксер

de Mixer

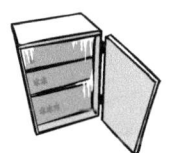

маразільная камера

dat Iesschapp

бутэлечка

de Nuckelbuddel

вадаправодны кран

de Waterhahn

ванная

de Baadstuuv

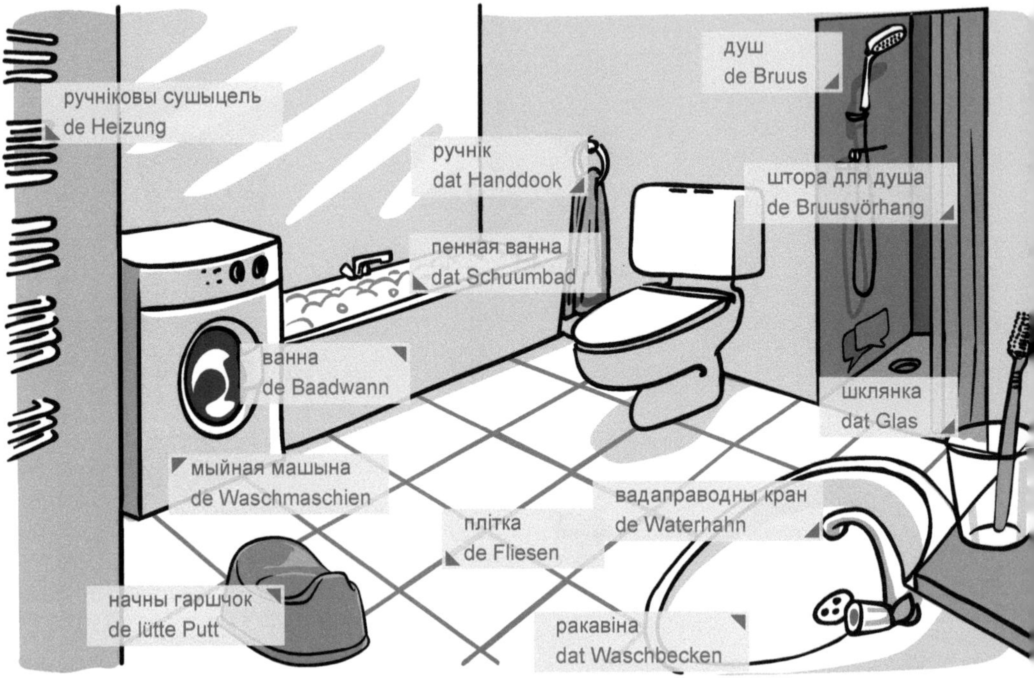

ручніковы сушыцель
de Heizung
ручнік
dat Handdook
душ
de Bruus
штора для душа
de Bruusvörhang
пенная ванна
dat Schuumbad
ванна
de Baadwann
шклянка
dat Glas
мыйная машына
de Waschmaschien
вадаправодны кран
de Waterhahn
плітка
de Fliesen
начны гаршчок
de lütte Putt
ракавіна
dat Waschbecken

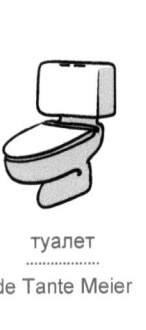

туалет
de Tante Meier

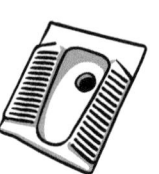

падлогавы ўнітаз
de Hockklo

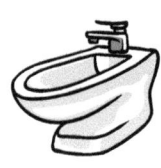

бідэ
dat Bidet

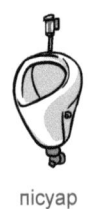

пісуар
dat Miegbecken

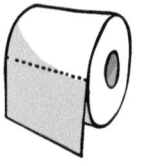

туалетная папера
dat Klopapeer

шчотка для чысткі ўнітаза
de Klobőst

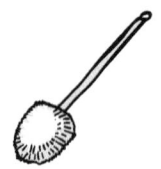

зубная шчотка

de Tähnböst

зубная паста

de Tähnpast

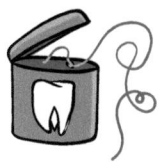

зубная нітка

de Tähnsied

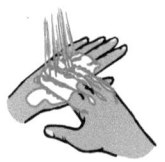

мыць

waschen

ручны душ

de Handbruus

інтымны душ

de Intimbruus

умывальнік

de Waschschöttel

шчотка для спіны

de Rüchböst

мыла

de Seep

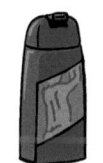

гель для душа

dat Bruusgeel

шампунь

dat Hoorwaschmiddel

вяхотка

de Waschlappen

вадасцёк

de Afloop

крэм

de Creme

дэзадарант

dat Deodorant

люстэрка

de Spegel

касметычнае люстэрка

de Kosmetikspegel

станок для галення

de Raserer

пена для галення

de Raseerschuum

ласьён пасля галення

dat Raseerwater

грэбень

de Kamm

шчотка

de Böst

фен

de Hoordröger

лак для валасоў

dat Hoorspray

касметыка

de Smink

памада

de Lippensticken

лак для пазногцяў

de Nagellack

вата

de Watt

манікюрныя нажніцы

de Nagelscheer

духі

dat Rüükwater

касметычка

de Kulturbüdel

табурэтка

de Schemel

вагі

de Waag

лазневы халат

de Baadmantel

санітарныя пальчаткі

de Gummihanschen

тампон

de Tampon

гігіенічныя пракладкі

de Damenbinn

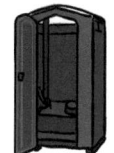

біятуалет

dat Chemieklo

дзіцячы пакой

de Kinnerstuuv

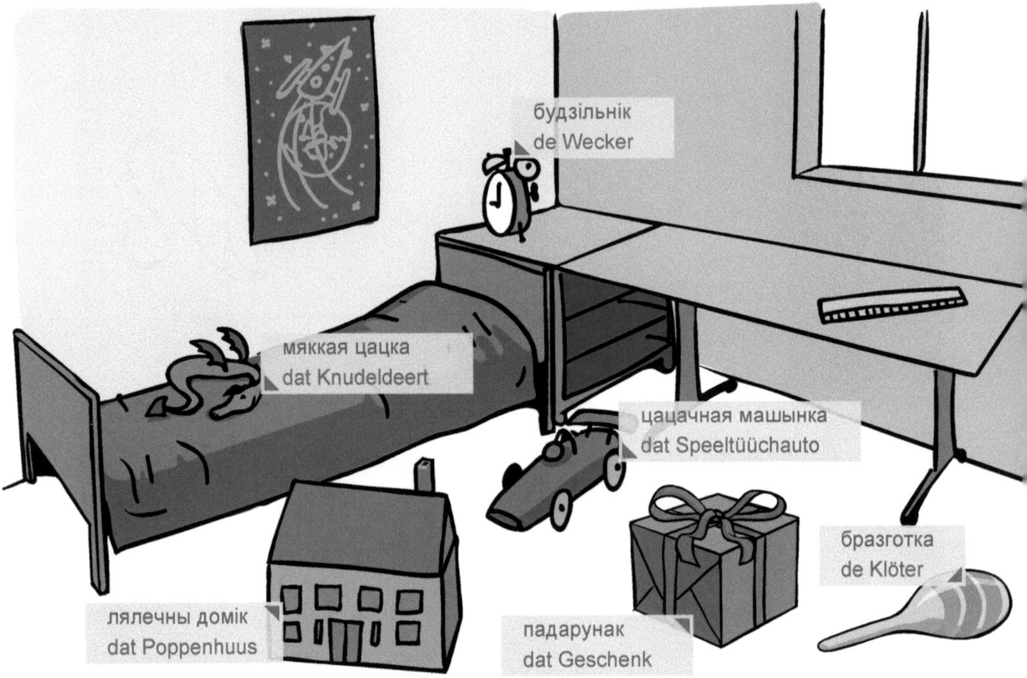
будзільнік
de Wecker
мяккая цацка
dat Knudeldeert
цацачная машынка
dat Speeltüüchauto
бразготка
de Klöter
лялечны домік
dat Poppenhuus
падарунак
dat Geschenk

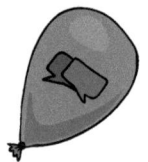

надзіманы шарык

de Luftballon

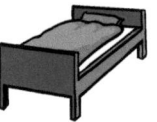

ложак

de Puuch

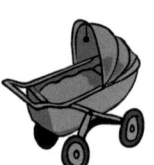

дзіцячая каляска

de Kinnerwagen

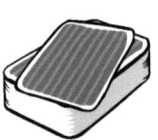

калода картаў

dat Koortenspeel

пазл

dat Puzzle

SUPER
MEGA

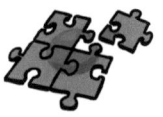

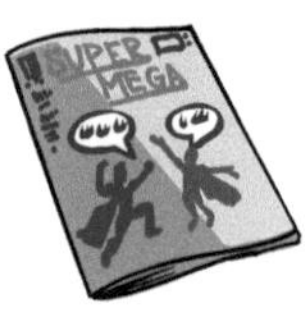

комікс

de Billergeschicht

канструктар "Лега"

de Legostenen

канструктар

de Bustenen

экшэн-фігурка

de Action-Figur

дзіцячы гарнітур

de Strampelantog

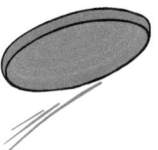

фрызбі

de Frisbeeschiev

дзіцячы мабіль

dat Mobile

настольная гульня

dat Brettspeel

кубік

de Wörpel

дзіцячая чыгунка

de Modelliesenbahn

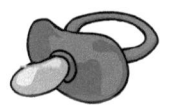

пустышка

de Snuller

дзіцячае свята

de Party

кніга з малюнкамі

dat Billerbook

мячык

de Ball

лялька

de Popp

гуляцца

spelen

пясочніца

de Sandkassen

арэлі

de Schuckel

цацкі

dat Speeltüüch

гульнявая відэа прыстаўка

de Speelkonsool

трохколавы ровар

dat Dreerad

плюшавы мішка

de Teddyboor

шафа

dat Klederschapp

адзенне
dat Tüüch

шкарпэткі

de Socken

панчохі

de Strümp

калготкі

de Strumpbüx

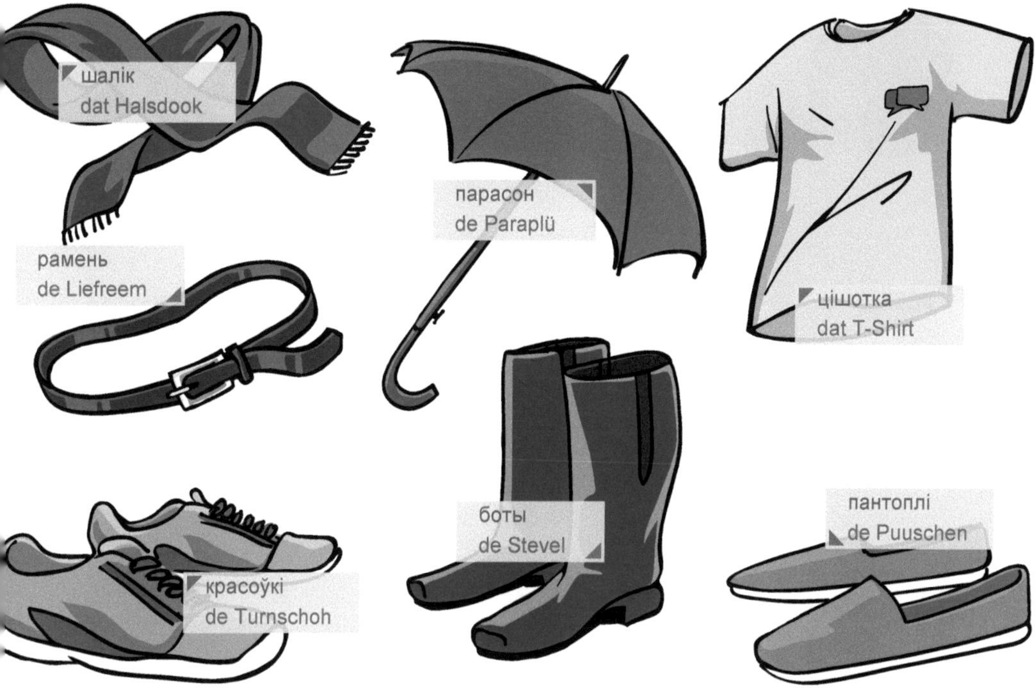

шалік
dat Halsdook

парасон
de Paraplü

цішотка
dat T-Shirt

рамень
de Liefreem

боты
de Stevel

пантоплі
de Puuschen

красоўкі
de Turnschoh

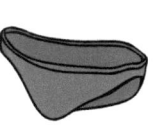

сандалі
de Sandalen

абутак
de Schoh

гумовыя боты
de Gummistevel

трусы
de Ünnerbüx

бюстгальтар
de Bostholler

майка
dat Ünnerhemd

бодзі

de Lief

штаны

de Büx

джынсы

de Jeansnüx

спадніца

de Rock

блузка

de Bluus

кашуля

dat Hemd

джэмпер

de Pullover

талстоўка

de Kapuzenpullover

блэйзер

de Blazer

куртка

de Jack

паліто

de Mantel

дажджавік

de Övertrecker

касцюм

dat Kostüm

сукенка

dat Kleed

вясельная сукенка

dat Hochtietskleed

касцюм

de Antog

начная сарочка

dat Nachtkleed

піжама

de Slaapantog

сары

de Sari

хустка

dat Koppdook

цюрбан

de Turban

паранджа

de Burka

каптан

de Kaftan

Абая

de Abaya

купальнік

de Baadantog

плаўкі

de Baadbüx

шорты

de Korte Büx

спартыўны касцюм

de Antog to'n Öven

фартух

de Schört

пальчаткі

de Handschoh

гузік

de Knopp

акуляры

de Brill

бранзалет

dat Armband

каралі

de Halskeed

кальцо

de Ring

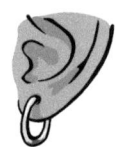

завушніца

de Ohrbummel

кепка

de Mütz

вешалка

de Klederbögel

капялюш

de Hoot

гальштук

de Binner

маланка

de Rietslüter

шлем

de Helm

падцяжкі

dat Drachtband

школьная форма

de Schooluniform

уніформа

de Uniform

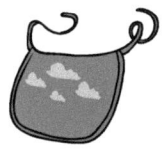

нагруднік

de Severböten

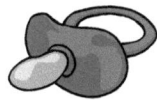

пустышка

de Snuller

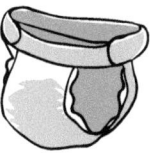

падгузнік

de Winnel

офіс
dat Büro

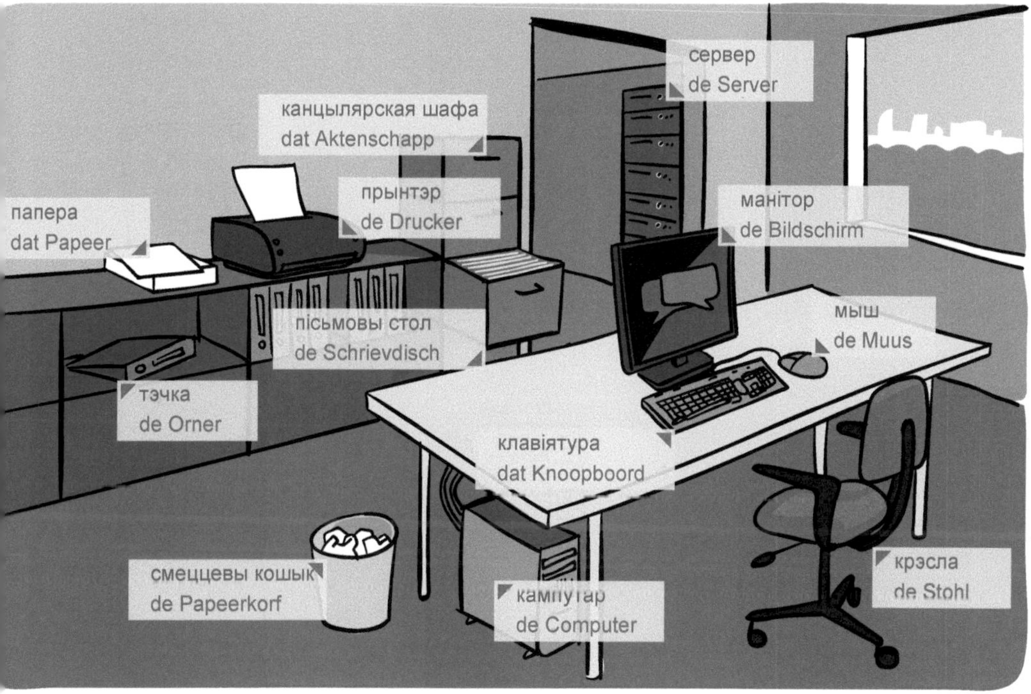
сервер
de Server
канцылярская шафа
dat Aktenschapp
папера
dat Papeer
прынтэр
de Drucker
манітор
de Bildschirm
мыш
de Muus
пісьмовы стол
de Schrievdisch
тэчка
de Orner
клавіятура
dat Knoopboord
смеццевы кошык
de Papeerkorf
кампутар
de Computer
крэсла
de Stohl

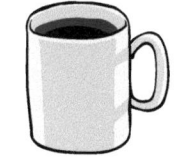

кубак для кавы (філіжанка)

de Koffiebeker

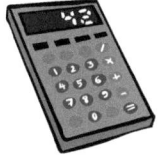

калькулятар

de Taschenreekner

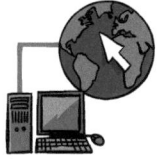

інтэрнэт

dat Internet

ноўтбук

de Klappreekner

ліст

de Breef

паведамленне

de Naricht

мабільны тэлефон

de Ackersnacker

сетка

dat Nettwark

ксеракс

de Kopeerapparat

праграмнае забеспячэнне

de Software

тэлефон

de Klöönkassen

разетка

de Steekdoos

факс

de Faxapparat

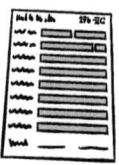

фармуляр

dat Formulor

дакумент

dat Dokument

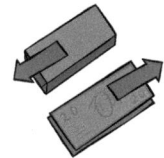

купляць

köpen

плаціць

betahlen

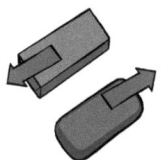

гандляваць

hanneln

грошы

dat Geld

долар

de Dollar

еўра

de Euro

ена

de Yen

рубель

de Ruvel

франк

de Swiezer Franken

кітайскі юань

de Renminbi Yuan

рупія

de Rupie

банкамат

de Geldautomat

абменны пункт

de Wesselstuuv

золата

dat Gold

срэбра

dat Sülver

нафта

dat Ööl

энергія

de Energie

цана

de Pries

кантракт

de Verdrag

падатак

de Stüer

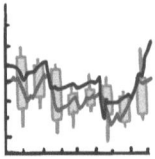

акцыя

de Andeelschien

працаваць

arbeiden

служачы

de Anstellte

працадаўца

de Arbeitgever

фабрыка

de Fabrik

крама

de Hökerie

прафесii

de Profeschonen

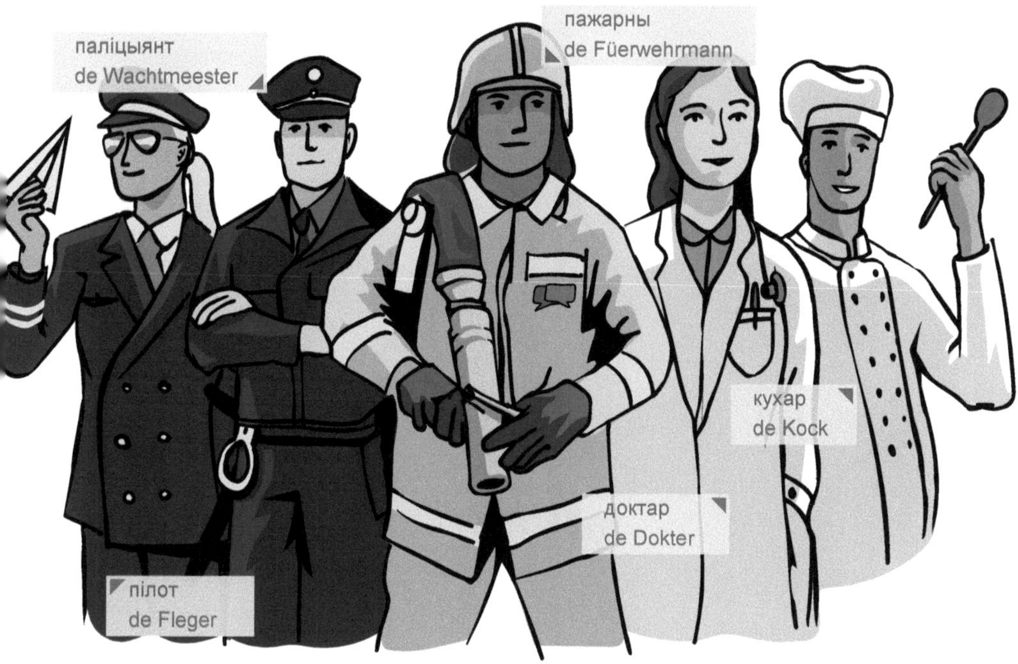
паліцыянт
de Wachtmeester
пажарны
de Füerwehrmann
кухар
de Kock
доктар
de Dokter
пілот
de Fleger

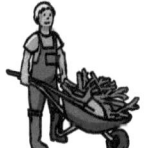

садоўнік
de Goorner

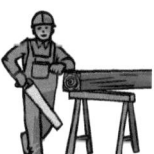

слесар
de Discher

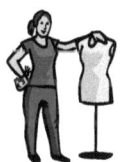

швачка
de Neihersche

суддзя
de Richter

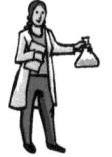

хімік
de Chemiker

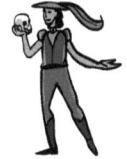

артыст
de Schauspeler

кіроўца аўтобуса

de Busfohrer

таксіст

de Taxifohrer

рыбак

de Fischer

прыбіральшчыца

de Reinmaakfru

страхар

de Dackdecker

афіцыянт

de Kellner

паляўнічы

de Jäger

мастак

de Maler

пекар

de Bäcker

электрык

de Elektriker

будаўнік

de Buarbeider

інжынер

de Ingenieur

мяснік

de Slachter

сантэхнік

de Klempner

паштальён

de Postbüdel

салдат

de Suldat

архітэктар

de Architekt

касір

de Kasserer

фларыст

de Florist

цырульнік

de Putzbüdel

кандуктар

de Schaffner

механік

de Mechaniker

капітан

de Kaptein

стаматолаг

de Tähndokter

ву'юоны

de Wetenschopler

рабін

de Rabbi

імам

de Imam

манах

de Mönk

святар

de Paap

інструменты
dat Warktüüch

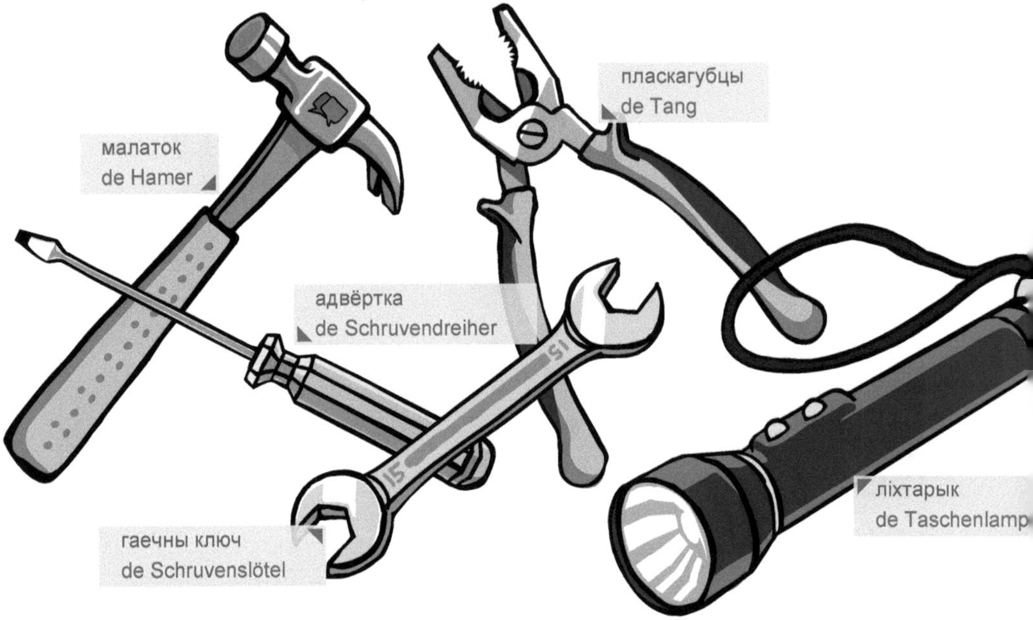

малаток
de Hamer
пласкагубцы
de Tang
адвёртка
de Schruvendreiher
ліхтарык
de Taschenlamp
гаечны ключ
de Schruvenslötel

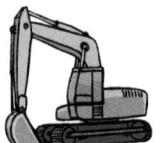

экскаватар

de Grieper

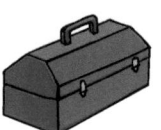

скрыня для інструментаў

de Warktüüchkassen

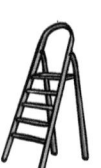

дравіны

de Ledder

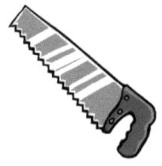

піла

de Saag

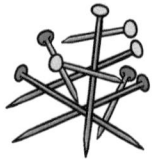

цвікі

de Nagels

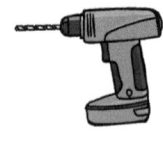

дрыль

de Bohrer

рамантаваць

heelmaken

рыдлеўка

de Schüffel

Халера!

Schiet!

шуфлік для смецця

dat Kehrblick

вядро з фарбаю

de Farvpott

балты

de Schruven

музычныя інструменты
de Musikinstrumenten

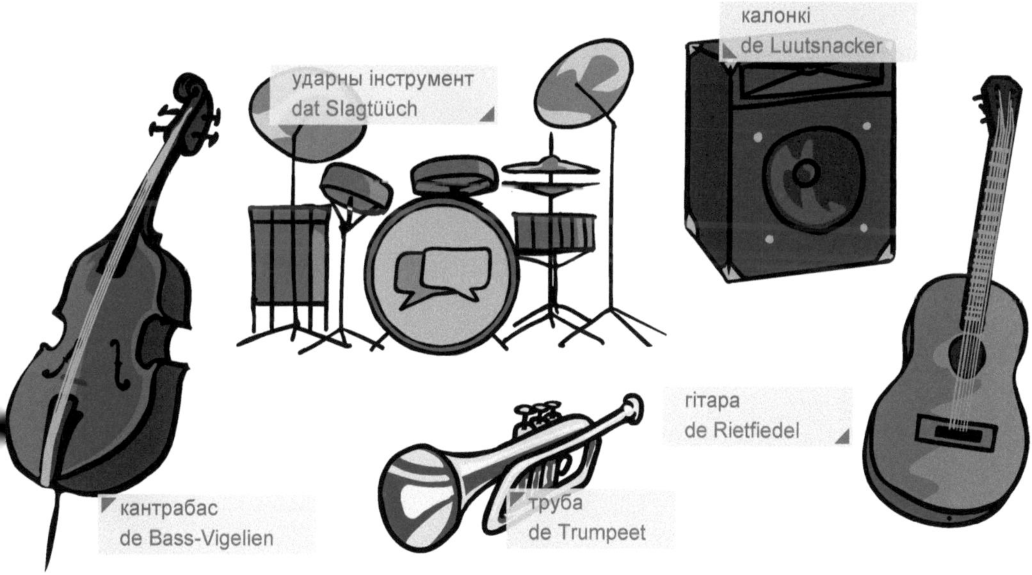

калонкі
de Luutsnacker

ударны інструмент
dat Slagtüüch

гітара
de Rietfiedel

кантрабас
de Bass-Vigelien

труба
de Trumpeet

піяніна

dat Klaveer

скрыпка

de Vigelien

басгітара

de Bass

літаўры

de Pauk

барабан

de Trummeln

клавішны электрамузычны інструмент

dat Keyboard

саксафон

dat Saxophon

флейта

de Fleut

мікрафон

dat Mikrofoon

заапарк

de Deertenpark

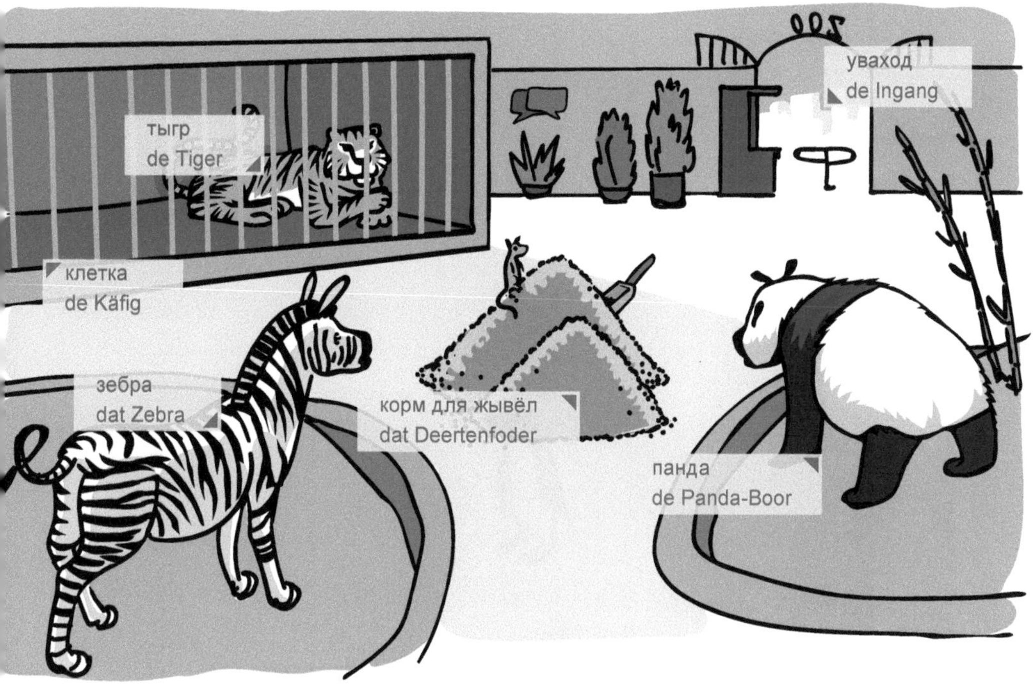

уваход
de Ingang
тыгр
de Tiger
клетка
de Käfig
зебра
dat Zebra
корм для жывёл
dat Deertenfoder
панда
de Panda-Boor

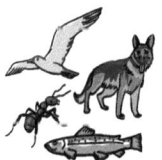

жывёлы

de Deerten

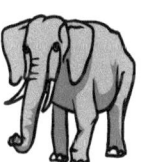

слон

de Elefant

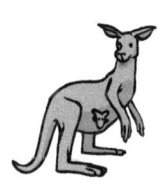

кенгуру

dat Känguru

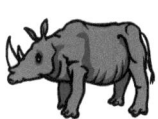

насарог

dat Neeshoorn

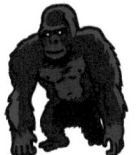

гарыла

de Gorilla

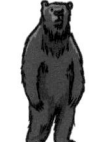

мядзведзь

de Boor

вярблюд

dat Kameel

стравус

de Struuß

леў

de Lööv

малпа

de Aap

фламінга

de Flamingo

папугай

de Papagoi

белы мядзведзь

de Iesboor

пінгвін

de Pinguin

акула

de Haifisch

паўлін

de Pageluun

змяя

de Slang

кракадзіл

dat Krokodil

наглядчык заапарка

de Oppasser in'n
Deertenpark

цюлень

de Saalhund

ягуар

de Jaguor

поні
dat Pony

леапард
de Leopard

бегемот
dat Nilpeerd

жыраф
de Giraff

арол
de Aadler

дзік
dat Wildswien

рыбак
de Fisch

чарапаха
de Schildkrööt

морж
dat Walross

ліса
de Voss

газель
de Gazell

спорт

de Sport

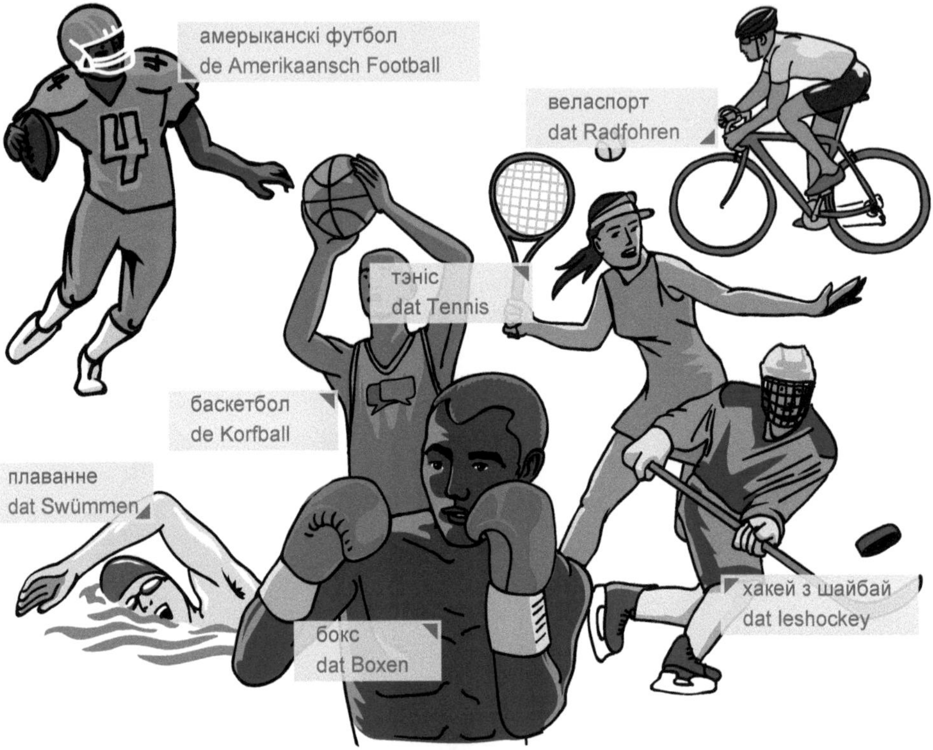

американскі футбол
de Amerikaansch Football
веласпорт
dat Radfohren
тэніс
dat Tennis
баскетбол
de Korfball
плаванне
dat Swümmen
хакей з шайбай
dat Ieshockey
бокс
dat Boxen

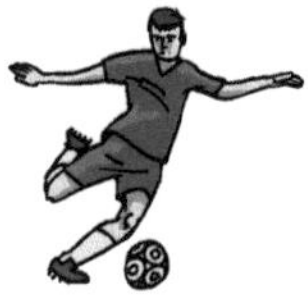

футбол

de Football

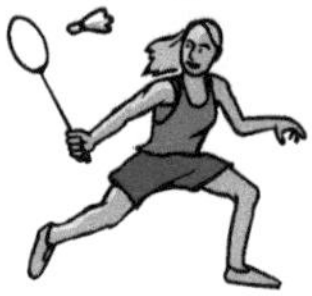

бадмінтон

dat Fedderball

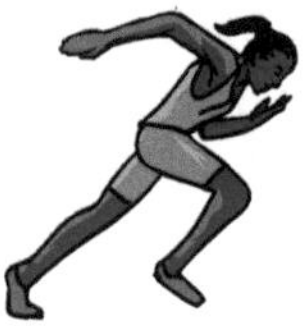

лёгкая атлетыка

de Leichtathletik

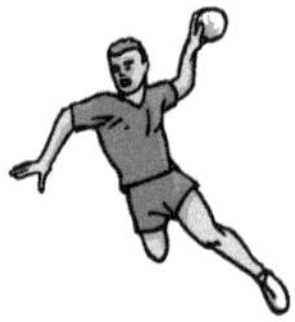

гандбол

de Handball

горныя лыжы

dat Skilopen

пола

dat Polo

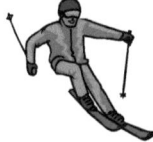

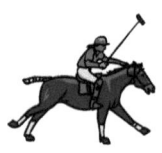

дзейнасць

de Aktivitäten

скакаць
springen
абдымаць
ümarmen
смяяцца
lachen
іcці
gahn
спяваць
singen
марыць
drömen
маліцца
beden
цалаваць
snuteln

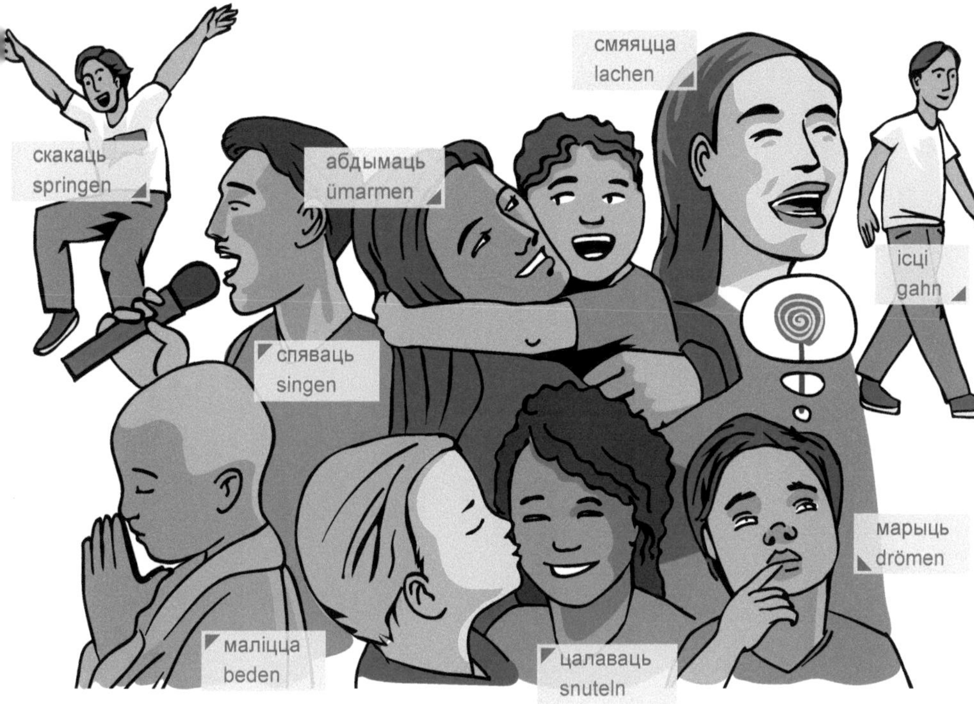

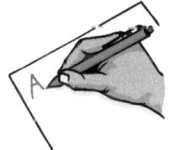

пісаць

schrieven

маляваць

teken

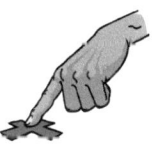

паказваць

wiesen

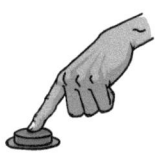

націснуць

drücken

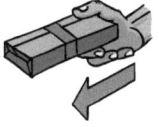

даваць

geven

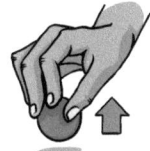

браць

nehmen

маць

hebben

выконваць

doon

быць

sien

стаяць

stahn

бегчы

lopen

цягнуць

trecken

кідаць

smieten

падаць

fallen

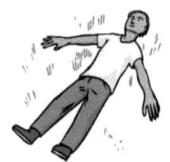

ляжаць

liggen

чакаць

töven

насіць

dregen

сядзець

sitten

апранацца

antrecken

спаць

slapen

прачынацца

opwaken

глядзець
ankieken

плакаць
wenen

лашчыць
eien

прычэсвацца
kämmen

гаварыць
snacken

разумець
verstahn

пытаць
fragen

чуць
hören

піць
drinken

есці
eten

прыбіраць
oprümen

кахаць
leefhebben

гатаваць
kaken

ехаць
fohren

лятаць
flegen

плаваць пад ветразем

segeln

лічыць

reken

чытаць

lesen

вучыць

lehren

працаваць

arbeiden

уступаць у шлюб

de Plünnen tohoopsmieten

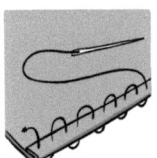

шыць

neihen

чысціць зубы

Tähnen putzen

забіваць

dootmaken

курыць

smöken

пасылаць

schicken

сям'я
de Familje

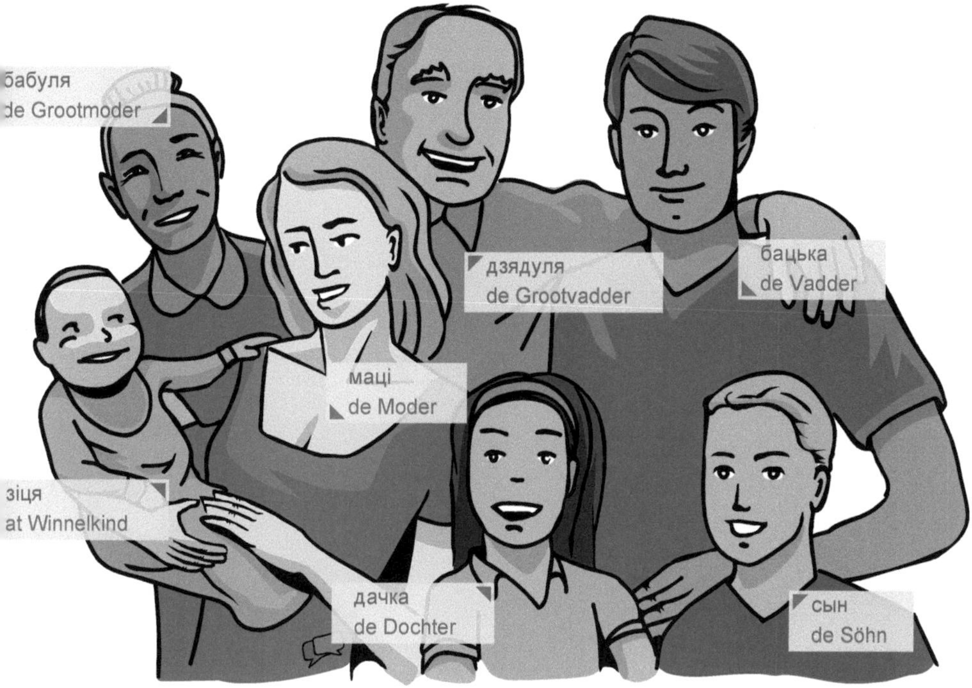

бабуля
de Grootmoder
дзядуля
de Grootvadder
бацька
de Vadder
маці
de Moder
зіця
at Winnelkind
дачка
de Dochter
сын
de Söhn

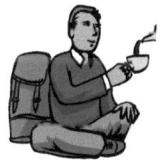

госць
de Gast

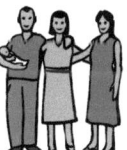

цётка
de Tant

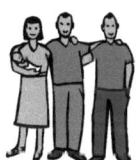

дзядзька
de Unkel

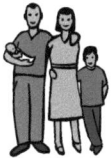

брат
de Broder

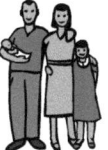

сястра
de Süster

цела
de Lief

лоб
de Vörkopp
вока
dat Oog
плячо
de Schuller
палец
de Finger
твар
dat Gesicht
падбародак
dat Kinn
рука
de Hand
нага
dat Been
грудзі
de Bost
рука
de Arm

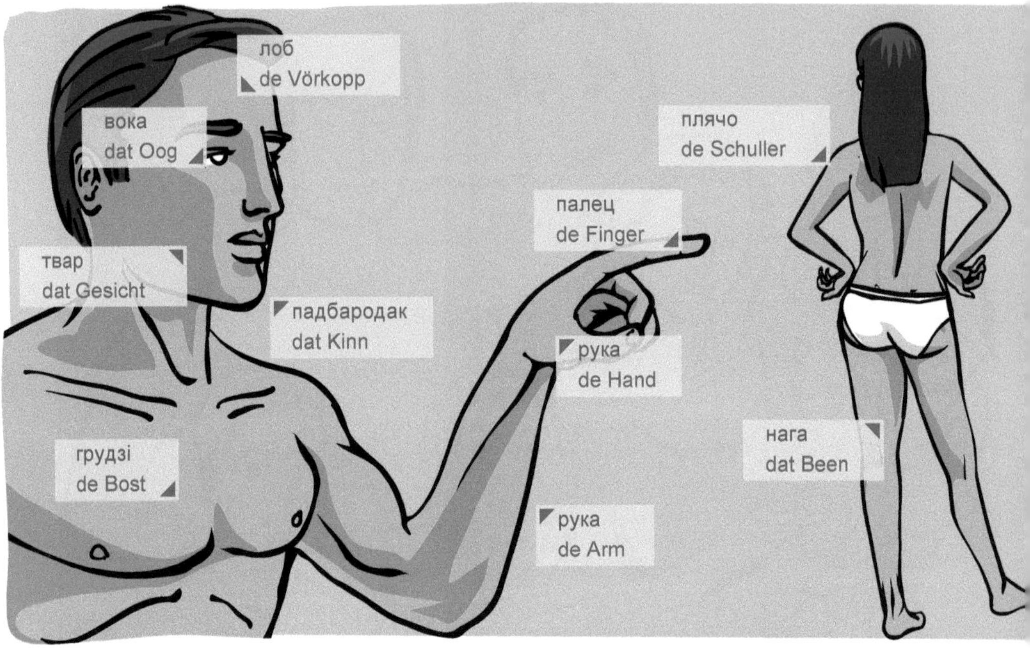

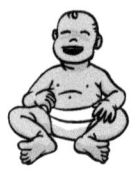

дзіця
dat Winnelkind

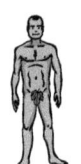

мужчына
de Mann

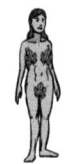

жанчына
de Fro

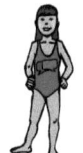

дзяўчынка
de Deern

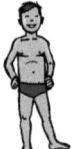

хлопчык
de Jung

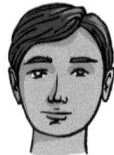

галава
de Arm

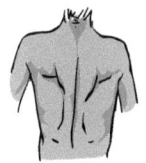

спіна

de Rüch

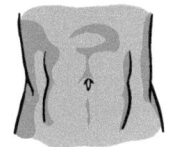

жывот

de Buuk

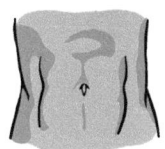

пуп

de Navel

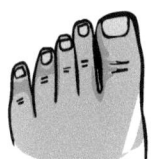

палец нагі

de Teh

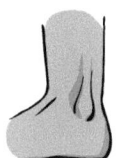

пятка

de Hack

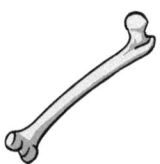

костка

de Knaken

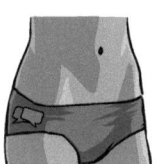

бядро

de Hüft

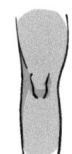

калена

dat Knee

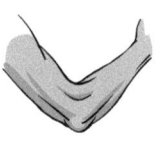

локаць

de Ellbagen

нос

de Nees

ягадзіца

de Achtersen

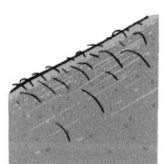

скура

de Huut

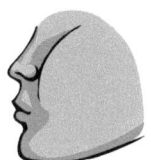

шчака

de Back

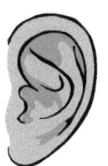

вуха

dat Ohr

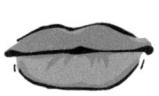

губа

de Lipp

рот

de Mund

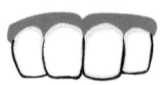

зуб

de Tähn

язык

de Tung

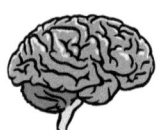

галаўны мозг

de Bregen

сэрца

dat Hart

мышца

de Muskel

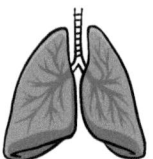

лёгкае

de Lung

пячонка

de Lever

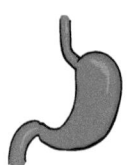

страўнік

de Maag

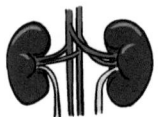

ныркі

de Neren

сэкс

de Bislaap

прэзерватыў

dat Kondoom

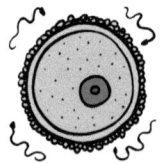

яйцаклетка

de Eizell

сперма

dat Sperma

цяжарнасць

de Anner Ümstänn

цела - de Lief

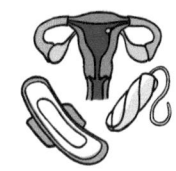

менструацыя
....
de Menstruatschoon

похва
....
de Scheed

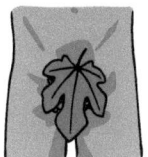

пеніс
....
de Pint

брыво
....
de Ogenbroe

валасы
....
dat Hoor

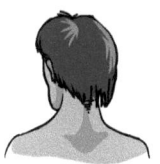

шыя
....
de Hals

шпіталь
dat Krankenhuus

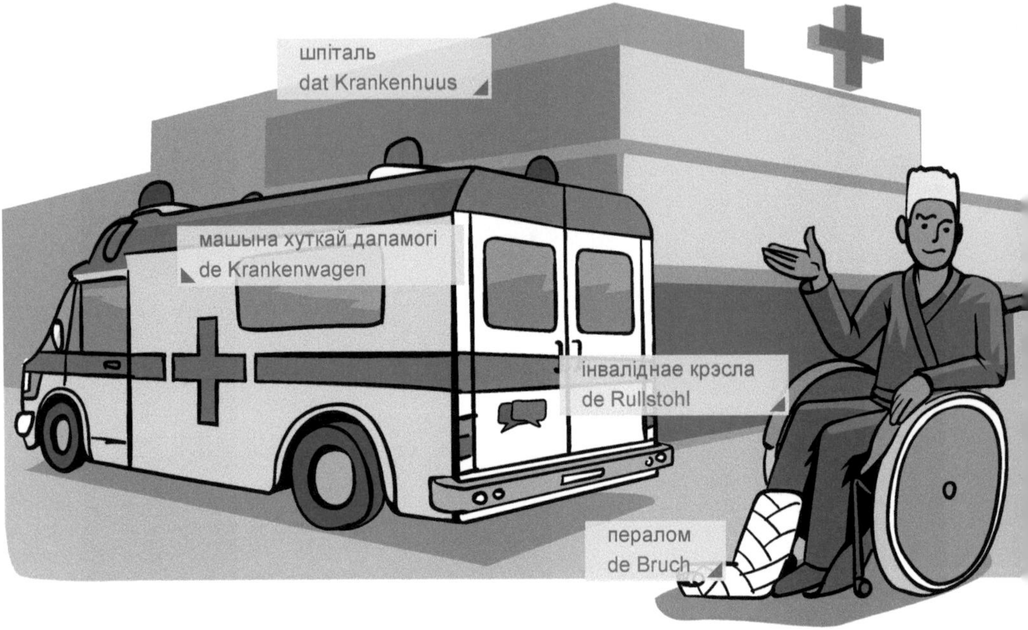

шпіталь
dat Krankenhuus
машына хуткай дапамогі
de Krankenwagen
інваліднае крэсла
de Rullstohl
пералом
de Bruch

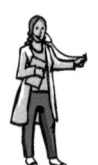

доктар
de Dokter

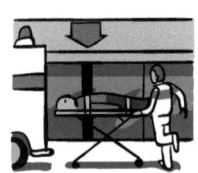

аддзяленне першай дапамогі
de Nootopnahm

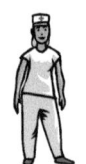

медсястра
de Krankensüster

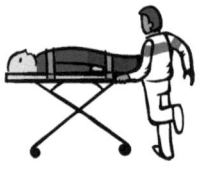

экстраная дапамога
de Nootfall

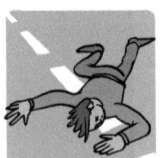

непрытомны
ahnmächtig

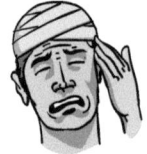

боль
de Wehdaag

траўма

de Verwunnen

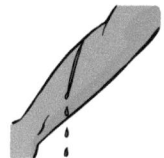

крывацёк

de Blöden

інфаркт

de Hartinfarkt

апаплексія

de Slaganfall

алергія

de Allergie

кашаль

de Hoosten

гарачка

dat Fever

грып

de Gripp

панос

de Dörchfall

галаўны боль

de Koppwehdaag

рак

de Kreeft

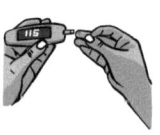

дыябет

de Zuckersüük

хірург

de Chirurg

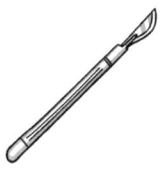

скальпель

dat Chirurgsch Mess

аперацыя

de Operatschoon

КТ

dat CT

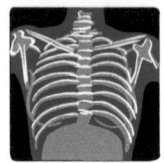

рэнтген

de Dörchlüchten

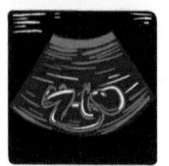

ультрагук

de Ultraschall

маска

de Mask

хвароба

de Krankheit

пачакальня

de Töövruum

мыліца

de Krück

пластыр

dat Plaaster

бінт

de Verband

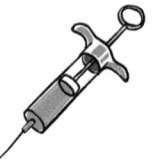

ін'екцыя

de Insprütten

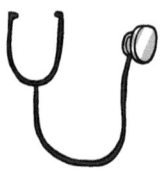

стэтаскоп

dat Stethoskop

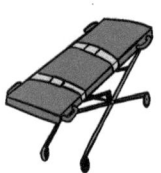

насілкі

de Draag

градуснік

dat Feverthermometer

нараджэнне

de Geboort

лішняя вага

dat Övergewicht

слухавы апарат

de Höörapparat

дэзінфекцыйны сродак

dat Kiemfriemiddel

інфекцыя

de Ansteken

вірус

de Virus

ВІЧ/СНІД

dat HIV / AIDS

лекі

dat Heelmiddel

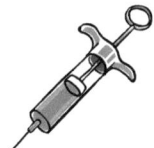

прышчэпка

de Impen

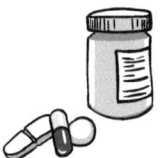

таблеткі

de Tabletten

супрацьзачаткавая таблетка

de Pill

экстраны выклік

de Nootroop

танометр

de Blootdruck-Meter

хворы / здаровы

krank / gesund

Ратуйце!

Hölp!

сігналізацыя

de Alarm

напад

de Överfall

атака

de Angreep

небяспека

de Gefohr

аварыйны выхад

de Nootutgang

Пажар!

dat Füer!

вогнетушыцель

de Füerlöscher

аварыя

de Unfall

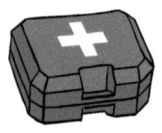

аптэчка

de Noothölpkoffer

СОС

SOS

паліцыя

de Polizei

Еўропа

Europa

Паўночная Амерыка

Noordamerika

Паўднёвая Амерыка

Süüdamerika

Афрыка

Afrika

Азія

Asien

Аўстралія

Australien

Атлантычны акіян

de Atlantik

Ціхі акіян

de Pazifik

Індыйскі акіян

dat Indisch Weltmeer

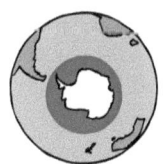

Паўднёвы ледавіты акіян

dat Antarktisch Weltmeer

Паўночны ледавіты акіян

dat Arktisch Weltmeer

Паўночны полюс

de Noordpol

Паўднёвы полюс

de Süüdpol

Антарктыда

de Antarktis

Зямля

de Eerd

краіна

dat Land

мора

de See

востраў

dat Eiland

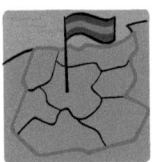

нацыя

de Natschoon

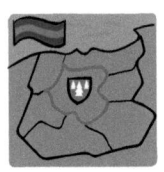

дзяржава

de Staat

цыферблат

dat Tallenblatt

гадзінная стрэлка

de Stunnenwieser

хвілінная стрэлка

de Minutenwieser

секундная стрэлка

de Sekunnenwieser

Колькі часу?

Wo laat is dat?

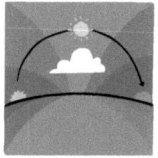

дзень

de Dag

час

de Tiet

зараз

nu

электронны гадзіннік

de digetaalsch Klock

хвіліна

de Minuut

гадзіна

de Stunn

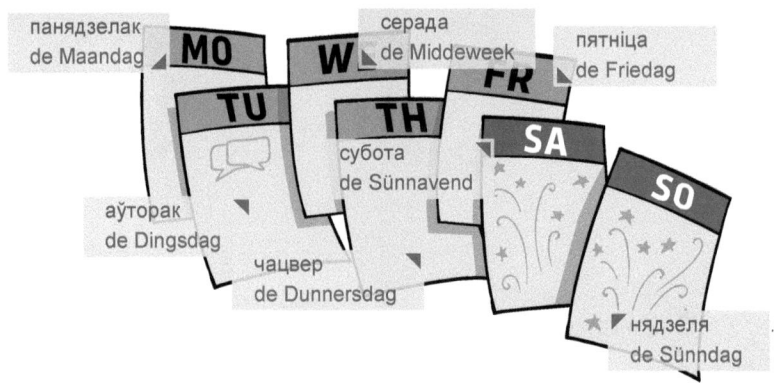

панядзелак
de Maandag

MO

W

серада
de Middeweek

пятніца
de Friedag

TU

TH

SA

субота
de Sünnavend

аўторак
de Dingsdag

чацвер
de Dunnersdag

SO

нядзеля
de Sünndag

ўчора
güstern

сёння
hüüt

заўтра
morgen

раніца
de Morgen

абед
de Meddag

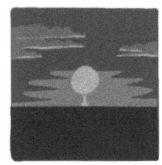

вечар
de Avend

працоўныя дні
de Arbeitsdaag

выхадныя
dat Wekenenn

год

dat Johr

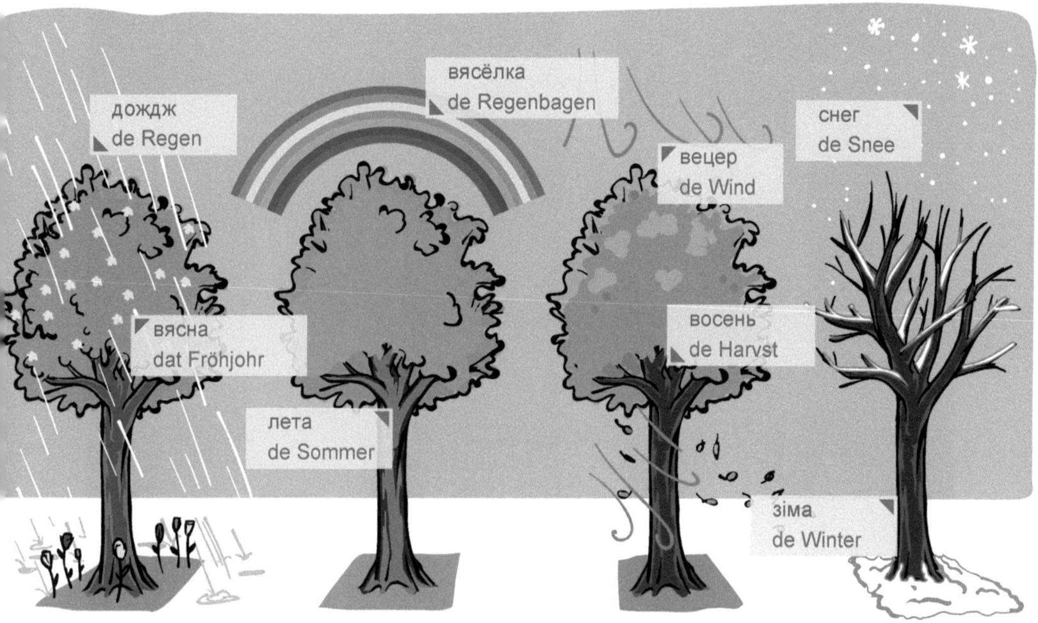

дождж
de Regen
вясёлка
de Regenbagen
снег
de Snee
вецер
de Wind
вясна
dat Fröhjohr
восень
de Harvst
лета
de Sommer
зіма
de Winter

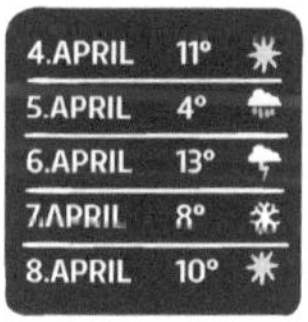

4.APRIL 11°
5.APRIL 4°
6.APRIL 13°
7.APRIL 8°
8.APRIL 10°

прагноз надвор'я

de Wedervörhersaag

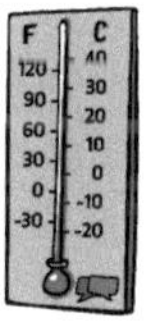

F C
120 90 60 30 0 -30
40 30 20 10 0 -10 -20

градуснік

dat Thermometer

сонечнае святло

de Sünnenschien

воблака

de Wulk

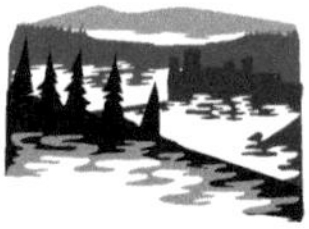

туман

de Nevel

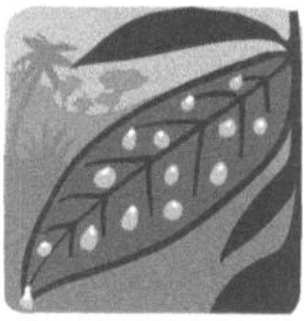

вільготнасць паветра

de Luftfuchtigkeit

маланка

de Blitz

гром

de Dunner

бура

de Storm

град

de Hagel

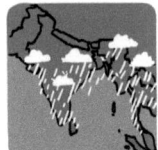

мусонны вецер

de Monsun

прыліў

de Floot

лёд

dat Ies

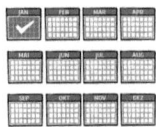

студзень

de Januormaand

люты

de Februormaand

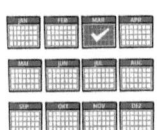

сакавік

de Martmaand

красавік

de Aprilmaand

май

de Maimaand

чэрвень

de Junimaand

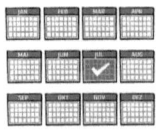

ліпень

de Julimaand

жнівень

de Augustmaand

год - dat Johr

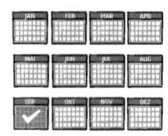

верасень

de Septembermaand

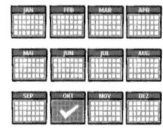

кастрычнік

de Oktobermaand

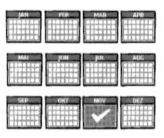

лістапад

de Novembermaand

снежань

de Dezembermaand

формы
de Formen

круг

de Krink

квадрат

dat Quadrat

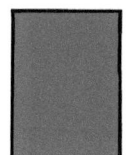

прамавугольнік

dat Rechteck

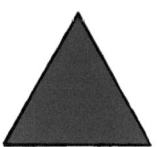

трохвугольнік

dat Dreeeck

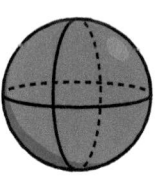

шар

de Kugel

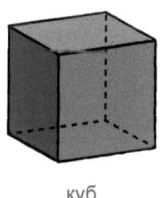

куб

de Wörpel

колеры
de Farven

белы
....
witt

жоўты
....
geel

аранжавы
....
orangsch

ружовы
....
pink

чырвоны
....
root

фіялетавы
....
lila

сіні
....
blau

зялёны
....
gröön

карычневы
....
bruun

шэры
....
gries

чорны
....
swart

шмат / мала

veel / wenig

злы / добры

böös / verdreeglich

прыгожы / брыдкі

smuck / mies

пачатак / канец

de Begünn / dat Enn

высокі / малы

groot / lütt

светлы / цёмны

hell / düüster

сястра / брат

de Broder / de Süster

чысты / брудны

schier / schietig

поўны / няпоўны

kumpleet / nich kumpleet

дзень / ноч

de Dag / de Nacht

мёртвы / жывы

doot / lebennig

шырокі / вузкі

breet / small

ядомы / неядомы

geneetbor / nich geneetbor

злы / добры

böös / fründlich

узбуджаны / нудны

fickerig / langwielt

тоўсты / тонкі

dick / dünn

першы / апошні

toeerst / toletzt

сябар / вораг

de Fründ / de Fiend

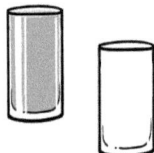

поўны / пусты

vull / leddig

цвёрды / мяккі

hart / week

важкі / лёгкі

swoor / licht

голад / смага

de Smacht / de Döst

хворы / здаровы

krank / gesund

нелегальны / легальны

nich na't Recht / na't Recht

разумны / дурны

klook / dummerhaftig

левы / правы

linkerhand / rechterhand

побач / далёка

neeg / feern

новы / былы ва ўжыванні

nieg / bruukt

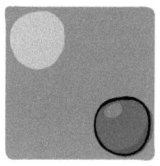

нічога / нешта

nix / wat

стары / малады

oolt / jung

укл / выкл

an / ut

адчынены / зачынены

apen / slaten

ціхі / гучны

lies / luut

багаты / бедны

riek / arm

правільна / няправільна

richtig / verkehrt

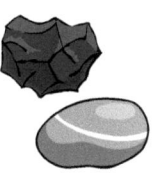

шурпаты / гладкі

ruug / glatt

сумны / шчаслівы

trurig / glücklich

кароткі / доўгі

kort / lang

павольны / хуткі

suutje / flink

вільготны / сухі

natt / drÖÖg

цёплы / халаднаваты

warm / köhl

вайна / мір

de Krieg / de Freden

0
нуль

null

1
адзін

een

2
два

twee

3
тры

dree

4
чатыры

veer

5
пяць

fief

6
шэсць

söss

7
сем

söven

8
восем

acht

9
дзевяць

negen

10
дзесяць

teihn

11
адзінаццаць

ölven

12

дванаццаць

twölf

13

трынаццаць

dörteihn

14

чатырнаццаць

veerteihn

15

пятнаццаць

föffteihn

16

шаснаццаць

sössteihn

17

сямнаццаць

söventeihn

18

васямнаццаць

achtteihn

19

дзевятнаццаць

negenteihn

20

дваццаць

twintig

100

сто

hunnert

1.000

тысяча

dusend

1.000.000

мільён

million

англійская

dat Engelsch

англійская (Амерыка)

dat Amerikaansch Engelsch

кітайская мандарынская

dat Chineesch Mandarin

хіндзі

dat Hindi

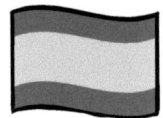

іспанская

dat Spaansch

французская

dat Franzöösch

арабская

dat Araabsch

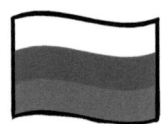

руская

dat Rusch

партугальская

dat Portugiesch

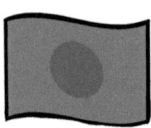

бенгальская

dat Bengaalsch

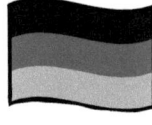

нямецкая

dat Düütsch

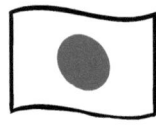

японская

dat Japaansch

я

ik

ты

du

ён / яна / яно

he / se / dat

мы

wi

вы

ji

яны

se

хто?

keen?

што?

wat?

як?

woans?

дзе?

woneem?

калі?

wannehr?

імя

de Naam

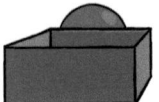

за
achter

у
in

перад
vör

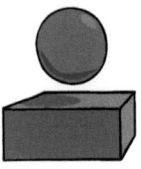

над
över

на
op

пад
ünner

каля
blangen

паміж
twüschen

месца
de Oort